Felix Sattelberger

Erfolgsprognose bei Produkteinführungen

Markt
Kommunikation
Innovation
(MKI)

herausgegeben von
Prof. Dr. Michael Schenk
Forschungsstelle für Medienwirtschaft
und Kommunikationsforschung
Universität Hohenheim

und

Prof. Dr. Bruno Neibecker
Institut für Entscheidungstheorie und Unternehmensforschung
Universität Karlsruhe

Band 7

LIT

Felix Sattelberger

Erfolgsprognose bei Produktneueinführungen

Eine Untersuchung
unter besonderer Berücksichtigung
von Word-of-Mouth-Effekten

LIT

Bibliografische Information der Deutschen Nationalbibliothek
Die Deutsche Nationalbibliothek verzeichnet diese Publikation in der
Deutschen Nationalbibliografie; detaillierte bibliografische Daten sind
im Internet über http://dnb.d-nb.de abrufbar.

ISBN 978-3-643-10488-5

©LIT VERLAG Dr. W. Hopf Berlin 2010
Verlagskontakt:
Fresnostr. 2   D-48159 Münster
Tel. +49 (0) 2 51-620 320   Fax +49 (0) 2 51-922 60 99
e-Mail: lit@lit-verlag.de   http://www.lit-verlag.de

Auslieferung:
Deutschland: LIT Verlag Fresnostr. 2, D-48159 Münster
Tel. +49 (0) 2 51-620 32 22, Fax +49 (0) 2 51-922 60 99, e-Mail: vertrieb@lit-verlag.de

Österreich: Medienlogistik Pichler-ÖBZ GmbH & Co KG
IZ-NÖ, Süd, Straße 1, Objekt 34, A-2355 Wiener Neudorf
Tel. +43 (0) 22 36-63 53 52 90, Fax +43 (0) 22 36-63 53 52 43, e-Mail: mlo@medien-logistik.at

Schweiz: B + M Buch- und Medienvertriebs AG
Hochstr. 357, CH-8200 Schaffhausen
Tel. +41 (0) 52-643 54 30, Fax +41 (0) 52-643 54 35, e-Mail: order@buch-medien.ch

Inhaltsverzeichnis

1 Einleitung — - 1 -
  1.1 Aufbau und Ziel der Arbeit — - 3 -
  1.2 Die Struktur der Arbeit im Überblick — - 5 -

2 Word-of-Mouth-Effekte — - 6 -

3 Konsumentenverhalten und der Kaufentscheidungsprozess — - 9 -
  3.1 Typologie des Kaufverhaltens — - 9 -
  3.2 Determinanten der Kaufentscheidung — - 11 -

4 Marketing-Mix Modelle — - 14 -
  4.1 Ökonometrische Marketing-Mix Modelle — - 14 -
  4.2 Stochastische Marketing-Mix Modelle — - 18 -
  4.3 Überblick und Anwendungsgebiete — - 22 -

5 Der Adaptionsprozess für Produktneueinführungen — - 23 -

6 Aussagekraft klassischer epidemiologischer Modelle — - 35 -
  6.1 Überblick zu den gängigen Netzwerkmodellen — - 39 -
  6.2 Herausforderungen bei der epidemiologischen Modellierung sozialer Prozesse — - 44 -

7 Modellierung des Kaufentscheidungsprozesses — - 47 -
  7.1 Einfluss des Preiseffekts — - 48 -
  7.2 Alternative Berechnung des Preiseffekts — - 54 -
  7.3 Einfluss des lokalen Umfelds eines Haushalts — - 56 -
  7.4 Gesellschaftlicher Einfluss — - 65 -
  7.5 Konsumentenloyalität und habitualisiertes Kaufverhalten — - 66 -
  7.6 Überblick über die Einflussgrößen auf die Kaufwahrscheinlichkeit — - 70 -

8 Die Daten der empirischen Untersuchung — - 71 -
  8.1 Datenselektion und -aufbereitung — - 72 -
  8.2 Aufbereitung der Preisinformationen — - 74 -
  8.3 Vervollständigung der geographischen Daten — - 76 -

9 Statistische Auswertung – Die logistische Regressionsanalyse - 78 -
   9.1 Auswahl der Optimalkonfiguration der erklärenden Variablen - 82 -
   9.2 Transformation der erklärenden Variablen - 84 -
   9.3 Die Modellgüte - 86 -

10 Gütekriterien und Modelltests - 90 -
   10.1 Die Modellanpassung - 97 -
   10.2 Modellanpassung des Kaufentscheidungsmodells - 97 -
   10.3 Modellierung und Modellanpassung des Markov-Ketten Ansatzes - 102 -
   10.4 Validierung des Kaufverhaltensmodells - 109 -

11 Zusammenfassung der Befunde - 112 -

12 Ausblick - 118 -

13 Literaturverzeichnis - 121 -

14 Internetquellen - 133 -

Abkürzungsverzeichnis

bzw.	=	beziehungsweise
ca.	=	circa
d. h.	=	das heißt
df	=	Degrees of freedom
E	=	Gruppe der Exponierten
EAN	=	Europäische Artikel Nummerierung
et al.	=	et alii
f.	=	folgende Seite
ff.	=	fortfolgende Seiten
GfK	=	Gesellschaft für Konsumforschung Nürnberg
ggf.	=	gegebenenfalls
I	=	Gruppe der Infizierten
LAN	=	Local Area Network
M	=	Gruppe der Personen mit temporärer Immunität
min	=	Minuten
ml	=	Milliliter
MPAA	=	Motion Picture Association of America
N	=	gesamte Population
n.s.	=	nicht signifikant
R	=	Gruppe der Genesenen
R_{korr}^2	=	Korrigiertes Bestimmtheitsmaß der linearen Regression
S	=	Gruppe der Empfänglichen
$ US	=	US Dollar
usw.	=	und so weiter
Vgl.	=	vergleiche
VIP	=	Very Important Person
W-LAN	=	Wireless Local Area Network
WM	=	Weltmeisterschaft

1 Einleitung

In der vorliegenden Arbeit wird das Produktwahlverhalten von Konsumenten in einer Kategorie der schnelllebigen Konsumgüter aus dem Lebensmittelbereich untersucht. Der Fokus richtet sich dabei auf die Qualität unterschiedlicher empirischer Ansätze zur Beurteilung des Erfolgs einer neu eingeführten Produktgruppe. Der Aussagegehalt klassischer Marketing-Mix Modelle wird dabei um Konzepte aus der Diffusionsforschung sowie der Epidemiologie ergänzt. Insbesondere die epidemiologische Modellbildung und Ansätze aus der Netzwerkforschung können neue qualitative Einblicke in den Kaufentscheidungsprozess von Konsumenten liefern. Bereits die Konsumausgaben privater Haushalte in Höhe von etwa 1,3 Billionen Euro in Deutschland im Jahr 2007 zeugen von deren Bedeutung für das Marketing und die Volkswirtschaft. Die Konsumausgaben für die Produktkategorien Lebensmittel, Getränke und Tabakwaren betrugen alleine rund 190 Milliarden Euro (Statistisches Bundesamt 2008). Der Wettbewerbsdruck auf dynamischen Käufermärkten zwingt Unternehmen zu kontinuierlichen Produktinnovationen. Produktneueinführungen sind daher unerlässlich, um aus Sicht der Konsumenten langfristig konkurrenzfähige und ansprechende Produkte anbieten und durch ein ausgeglichenes Produktportfolio die Liquidität der Unternehmen sicherstellen zu können. Produktneueinführungen sind jedoch mit erheblichen Kosten und Risiken verbunden. Risiko entsteht dadurch, dass die Akteure in realen Märkten nicht über vollkommene Informationen zu den Marktreaktionen verfügen. Darin kann ein Grund für den hohen Anteil an gescheiterten Produktneueinführungen gesehen werden. „In der Lebensmittelbranche kann man jährlich mehr als 35.000 Neu-Produkte beobachten. Von diesen überleben erfahrungsgemäß nur rund 20 Prozent die ersten beiden Jahre", so Professor Dr. Hendrik Schröder in einem Interview (Staufenbiel 2008). In anderen Produktbereichen zeigt sich ein ähnlich drastisches Bild. Laut Business Week (1993) werden nur 10 Prozent aller Produktideen der Entwicklungsabteilungen umgesetzt. Mehr als 50 Prozent der neu eingeführten Produkte scheitern vollkommen und über 70 Prozent erreichen die prognostizierten Absatzziele nicht. In Konsumgütermärkten sind damit erhebliche versunkene Kosten, beispielsweise für den Aufbau einer Marke, die Anschaffung spezifischer Investitionsgüter, die Listungsgelder für den Han-

Einleitung

del, die Schaffung einer flächendeckenden Distribution, usw. verbunden. Eine große Herausforderung besteht darin, bereits zu einem frühen Zeitpunkt eine verlässliche Aussage über den zukünftigen Produkterfolg treffen zu können. Hierbei ist von Interesse, ob ein Produkt in der Lage ist eine kritische Masse an Käufern zu erreichen und sich am Markt zu etablieren (Vgl. Rogers 1983). Die epidemiologische Modellbildung bietet gerade hier die Möglichkeit interessante qualitative Aussagen zu treffen. Epidemiologische Studien befassen sich mit der Frage, wie sich Krankheiten in einer Population ausbreiten und dienen als Entscheidungsgrundlage für Interventions- und Präventionsstrategien (Bonabeau et al. 1998, S. 2421). Die Problemstellung epidemiologischer Studien weist dadurch Ähnlichkeiten zu Diffusionsprozessen auf. Der Vorteil epidemiologischer Modelle besteht darin, Krankheitsverläufe sowohl in räumlicher als auch in zeitlicher Hinsicht analysieren und prognostizieren zu können (Vgl. Bonabeau et al. 1998; Vgl. Sanchez et al. 2005; Vgl. Smith et al. 2005; Vgl. Nekovee 2007). Diese raumzeitlichen Ausbreitungsprozesse ermöglichen neue Einblicke in das Konsumentenverhalten. Die vorliegende Arbeit versucht deshalb, den Aussagegehalt klassischer Marketing-Mix Modelle mit dem von epidemiologischen Modellen auf der Grundlage empirischer Daten zu verknüpfen. Dabei wird geprüft, ob sich bei der Diffusion einer neu eingeführten Produktgruppe Interaktionseffekte zwischen benachbarten Haushalten feststellen lassen. Diese Art von Erkenntnissen ist für Produkt- und Marketingmanager von enormer Bedeutung, da sich daraus Implikationen für geeignete Kommunikations- und Distributionsstrategien ableiten lassen. Zeigt sich beispielsweise ein starker lokaler Verbreitungsprozess, so kann es sinnvoll sein zunächst in mehreren Ballungszentren einen hohen Werbedruck und eine hohe Distributionsquote zu schaffen, da dort zuerst mit hohen Absätzen zu rechnen ist. Im Vergleich zu einer flächendeckenden Kommunikations- und Distributionsstrategie können Streuungsverluste und die damit verbundenen Kosten vermindert werden. Die Modellierung des Produktwahlverhaltens von Konsumenten stellt eine komplexe Aufgabe dar. Konsumenten treffen täglich zahlreiche Entscheidungen, von der Geschäftsstättenwahl über die Kaufmenge bis hin zur Auswahl der Produktgruppe und Marke. Jede dieser Entscheidungen ist wiederum durch zahlreiche Einflussgrößen bestimmt, sodass im Rahmen der vorliegenden Arbeit nur ein Teil der möglichen Determinanten des Konsumentenverhaltens modelliert werden kann. Praktische Relevanz besitzen vor allem vier Komponenten des Kaufverhaltens, die Wahl des Produkts und der Einkaufsstätte, des Kaufzeitpunkts sowie der gekauften Menge (Vgl. Ebling 2008). Über unterschiedliche Instrumente des Marketing-Mix können Produkt- und Marketingmanager Einfluss auf diese Entscheidungen nehmen. Eine verlässliche Methodenentwicklung stellt zudem hohe Anforderungen an die zu Grunde liegende Datenbasis. Haushaltspaneldaten weisen eine hohe externe Validität[1] auf und eignen sich somit besonders gut für die Analyse des Käuferverhaltens in realen Märkten. Darüber hinaus ermöglichen Haushaltspaneldaten die Modellierung derjenigen Marketing-Mix Einflüsse, die direkt auf den Haushalt wirken. Die Haushaltspaneldaten für die vorliegende Arbeit wurden von der Gesellschaft für Konsumforschung Nürnberg (GfK) bereitgestellt.

1.1 Aufbau und Ziel der Arbeit

Im theoretischen Teil dieser Untersuchung wird zunächst auf den Kaufentscheidungsprozess und auf die Arten von Kaufentscheidungen sowie deren Determinanten eingegangen. Dies stellt den theoretischen Rahmen für die gängigen Marketing-Mix Modelle dar. In den darauf folgenden Kapiteln werden Marketing-Mix Modelle sowie Methoden und Modelle der Diffusionsforschung vorgestellt. Die Übergänge sind dabei fließend. So treffen Marketing-Mix Modelle häufig implizit Aussagen über die Diffusion von Produkten, da beispielsweise Marktanteile und deren Veränderungen im Zeitverlauf wichtige Kenngrößen dieser Modelle darstellen. Auf der anderen Seite integrieren Diffusionsmodelle, welche die Verbreitung von Produkten in der Gesellschaft beschreiben, häufig Einflussgrößen aus Marketing-Mix Modellen, um vertiefende Aussagen zu ermöglichen. Die dritte Gruppe von Modellen, die im Rahmen dieser Arbeit vorgestellt werden, sind Ansätze aus der Epidemiologie. Klassische epidemiologische Studien befassen sich mit der Ausbreitung von Krankheiten in Populationen sowie den Möglichkeiten zu Interventions- und Präventionsmaßnahmen (Bonabeau et al. 1998, S. 2421). Hieran zeigt sich, dass die grundlegende Problemstellung mit derjenigen von Diffusi-

---

[1] Externe Validität bezeichnet die Übertragbarkeit der Messergebnisse einer Stichprobe auf die Grundgesamtheit. Dieses Vorgehen wird als Inferenzschluss bezeichnet. Im Gegensatz dazu weisen Messwerte eine hohe interne Validität auf, wenn ein Messinstrument den zu erfassenden kausalen Zusammenhang, möglichst ohne Einfluss von Störgrößen, erfasst hat.

onsprozessen vergleichbar ist (Vgl. Rogers 1983). Epidemiologische Studien bieten zudem die Möglichkeit eine Aussage über die räumliche Ausbreitung von Krankheiten zu treffen und modellieren Kontaktwahrscheinlichkeiten zwischen Individuen in abstrahierter Form (Vgl. Bonabeau et al. 1998; Vgl. Sanchez et al. 2005; Vgl. Smith et al. 2005; Vgl. Nekovee 2007). Hierin werden Möglichkeiten gesehen, um den qualitativen Aussagegehalt klassischer Diffusions- und Marketing-Mix Modelle zu erweitern. Das Ziel der vorliegenden Arbeit ist es, ein an die Epidemiologie angelehntes Modell zur Abbildung des Konsumentenverhaltens bei der Wahl einer neu eingeführten Produktgruppe im Lebensmittelbereich zu entwickeln. Dabei werden insbesondere lokale Interaktionseffekte zwischen Konsumenten integriert. Bei der Modellentwicklung stellt die Abbildung dieser Word-of-Mouth-Effekte eine besondere Herausforderung dar. Wie in klassischen epidemiologischen Studien wird auch in der vorliegenden Arbeit davon ausgegangen, dass sich Kontaktwahrscheinlichkeiten aus der räumlichen Distanz zwischen Haushalten ableiten lassen. Je näher sich zwei Haushalte geographisch sind, desto höher ist die Wahrscheinlichkeit, dass diese in Beziehung zueinander treten (Vgl. Bonabeau et al. 1998; Vgl. Sanchez et al. 2005; Vgl. Smith et al. 2005; Vgl. Nekovee 2007). Word-of-Mouth-Effekte können in diesem Sinne als Indikatoren zur Beschreibung einer latenten Beeinflussung durch das lokale Umfeld eines Haushaltes bezeichnet werden. Kommunikations- und Interaktionseffekte sind dabei weit gefasst und beinhalten neben verbaler Kommunikation auch die Beeinflussung durch die Beobachtung des Kaufverhaltens des direkten Umfelds. Die empirische Auswertung erfolgt anhand von zwei alternativen Methoden. Zum einen werden die Einflussgrößen mithilfe einer logistischen Regressionsanalyse statistisch überprüft und zum anderen erfolgt die Ableitung eines stochastischen Prozesses auf Grundlage der Kaufhäufigkeiten. Die Modellierung von Zufallsprozessen ist in vielen Wissenschaftsdisziplinen weit verbreitet und liefert bei zahlreichen Anwendungen mit dynamischen Systemen eine gute Modellanpassung (siehe Kapitel 4.2 & Kapitel 10.3). Der Methodenvergleich lässt so eine Aussage über die Reproduzierbarkeit der Ergebnisse und die Qualität beider Modelle zu. Abschließend werden diese Ansätze zusammenfassend dargestellt und diskutiert. Mithilfe der dadurch gewonnenen Erkenntnisse werden Empfehlungen für weitere Forschungsarbeiten und die Methodenentwicklung bei der Erfolgsprognose von Produktneueinführungen abgeleitet.

1.2 Die Struktur der Arbeit im Überblick

Abbildung 1 stellt die Struktur der Arbeit graphisch dar:

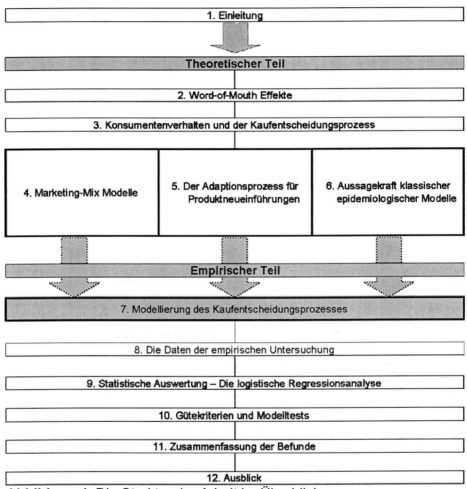

Abbildung 1: Die Struktur der Arbeit im Überblick

Theoretischer Teil

2 Word-of-Mouth-Effekte

Word-of-Mouth-Effekte sind Kommunikations- und Interaktionseffekte zwischen Konsumenten. Solchen Effekten wird eine bedeutende Rolle bei der Kaufentscheidung sowie bei *Diffusionsprozessen* zugeschrieben (siehe Kapitel 4 und 5). Es ist ein zentrales Anliegen dieser Studie, diese Einflüsse bei der Modellbildung berücksichtigen und empirisch überprüfen zu können. Ein viel versprechender Ansatz ist die Berücksichtigung eines *Kontaktnetzwerks*, das versucht Interaktionen zwischen Konsumenten abzubilden. Kontaktstrukturen und -netzwerke werden in vielen Wissenschaftsdisziplinen zur Analyse und Erklärung verschiedenster Phänomene herangezogen (siehe Kapitel 6.1).
Ein großer Teil zwischenmenschlicher Kommunikation umfasst den Austausch über Produktinformationen, Marken und Trends. Es wird darüber gesprochen, welchen Film man kürzlich im Kino gesehen hat, welches Musikstück einem momentan gut gefällt und welche Erfahrungen man in der Verwendung unterschiedlichster Güter gemacht hat. Word-of-Mouth-Effekte ist der Sammelbegriff für all diese kaufentscheidungsrelevanten Kommunikations- und Interaktionseffekte (Solomon et al. 2006, S. 367ff.). Ein Beispiel für erfolgreiches Word-of-Mouth ist der Film *The Blair Witch Project* (Myrick & Sánchez 1999). Dieser Film spielt mit den Genres Horror- und Dokumentarfilm, sodass in Internetforen vor Kinostart rege diskutiert wurde, ob es sich um eine Dokumentation oder einen Horrorfilm handelt. Der Film erlangte dadurch schnell enorme Popularität und war ein großer ökonomischer Erfolg (Solomon et al. 2006, S. 368). Die Produktionskosten des Films beliefen sich lediglich auf 60.000 $ US. Insgesamt wurden weltweit mehr als 248 Millionen $ US eingenommen (Box Office Mojo 2008). Bereits an diesem Beispiel zeigt sich, dass Informationen von *Bezugsgruppen* häufig mehr Vertrauen geschenkt wird als anderen Informationsquellen. Durch Bezugsgruppen wird sozialer Druck aufgebaut, der gruppenkonformes Verhalten fördert (Vgl. Kapitel 5). Word-of-Mouth-Effekten wird daher bei der Bildung von Urteilen über eine Innovation eine entscheidende Rolle zugesprochen. Klassische Werbemaßnahmen dienen demnach eher dazu Produktinformationen generell bereitzustellen und Aufmerksamkeit zu erregen

(Solomon et al. 2006, S. 368). Liegen Informationsasymmetrien zwischen Anbieter und Nachfrager vor, so wird Word-of-Mouth-Effekten eine bedeutende Stellung im Kaufentscheidungsprozess zugeschrieben. Eigene sowie die Erfahrungen Dritter können dem Konsumenten helfen dieses Informationsdefizit auszugleichen und Kaufrisiken abzumildern (Lilien et al. 1992, S. 194ff.; Vgl. Kiefer 2001, S. 139ff.). Jedoch zeigen sich auch erhebliche Schwierigkeiten Word-of-Mouth-Effekte zu analysieren, deren Einfluss auf die Kaufentscheidung zu überprüfen sowie deren Entstehung und Verlauf zu gestalten. Word-of-Mouth-Effekte treten in der Regel spontan auf. Eine Aussage, wann und wo es zu solchen Effekten kommen wird, ist somit schwierig. Häufig wird versucht über *Meinungsführer*[2] Einfluss auf die Entstehung und Gestalt von Word-of-Mouth-Effekten zu nehmen. Meinungsführer sind potenzielle Multiplikatoren und können Informationen effizient streuen. Insbesondere Blogger, Verfasser von Beiträgen in einem Weblog, werden häufig engagiert, um für Produkte zu werben. Mit der Zeit, d. h. durch kontinuierlichen Meinungs- und Erfahrungsaustausch, bauen sich Vertrauensverhältnisse auf, sodass sehr aktive Blogger aus Sicht der anderen Blogteilnehmer als verlässliche Informationsquellen angesehen werden (Solomon et al. 2006, S. 369). Problematisch ist hingegen, dass Meinungsführer zunächst identifiziert und gezielt angesprochen werden müssen. Betrachtet man nur Onlineforen und Weblogs, so lassen sich sehr aktive Teilnehmer noch relativ leicht ausmachen und umwerben. In klassischen Medien ist dies deutlich aufwändiger. Zudem gibt es keine generelle Meinungsführerschaft, sondern lediglich eine Meinungsführerschaft in bestimmten Bereichen (Vgl. Kapitel 5). Jede Produktkategorie weist dadurch individuelle Strukturen der Meinungsführerschaft auf.

Obwohl in diesem kurzen Kapitel ausschließlich die absatzfördernde Wirkung von Word-of-Mouth-Effekten dargestellt wurde, muss auch Bedacht werden, dass sich diese Prozesse bei negativen Erfahrungen

---

[2] In den 1940er und 1950er Jahren führten Katz und Lazarsfeld Studien zur öffentlichen Meinungsbildung durch. Gemäß ihrer Theorie zum *Two-Step-Flow of Communication* gibt es einige wenige Meinungsführer, die zwischen den Massenmedien und der Mehrheit der Gesellschaft stehen. Meinungsführer haben Zugang zu relevanten Medienangeboten und verfügen über die Kapazitäten, um diese Informationen zu verarbeiten. Sie sind überdurchschnittlich gut informiert und können eine zentrale Rolle bei der Bildung öffentlicher Meinungen einnehmen, da sie von ihrem sozialen Umfeld als verlässliche Informationsquelle angesehen und herangezogen werden (Lazarsfeld et al. 1968; Vgl. Katz & Lazarsfeld 1955).

auch nachteilig auf die Adaptionsrate der Innovation auswirken können. In der Analyse einer Produktneueinführung wurde beispielsweise festgestellt, dass 90 Prozent der unzufriedenen Konsumenten bei einem bestimmten Produkt nicht mehr bereit waren dieses erneut zu kaufen. Darüber hinaus hat jede dieser Personen durchschnittlich mit neun anderen Personen über diese schlechten Erfahrungen gesprochen. Davon haben wiederum 13 Prozent diese negativen Produkterfahrungen an andere Personen weitergegeben, sodass auf diesem Wege nochmals mehr als 30 Personen erreicht wurden (Solomon et al. 2006, S. 370).

3 Konsumentenverhalten und der Kaufentscheidungsprozess

Dieses Kapitel bietet einen kurzen Überblick zu gängigen Klassifizierungen und Determinanten des Kaufentscheidungsprozesses. Die Beschreibung beschränkt sich dabei auf die grundlegenden Dynamiken und Konzepte.

3.1 Typologie des Kaufverhaltens

Verhaltensorientierte Gütertypologien unterscheiden nach abnehmendem Ausmaß der kognitiven Steuerung zwischen *extensiven, limitierten, habitualisierten und impulsiven Kaufentscheidungen* (Kuß & Tomczak 2000, S. 96f.). Abbildung 2 veranschaulicht diese Entscheidungshierarchie:

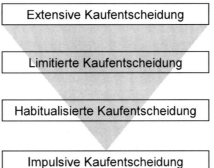

Abbildung 2: Verhaltensorientierte Gütertypologien nach Ausmaß der kognitiven Steuerung

Von einer extensiven Kaufentscheidung spricht man, wenn der Entscheidungsprozess ausschließlich gedanklich gesteuert wird. Konsumenten haben einen hohen Informationsbedarf, da mögliche Kaufrisiken beurteilt und Unsicherheiten abgemildert werden müssen (Kroeber-Riel & Weinberg 2003, S. 382). Diese kognitive Steuerung ist umso stärker, je weniger der Konsument auf bewährte Entscheidungsmuster zurückgreifen kann. In extensiven Kaufentscheidungen kommt der Informati-

onsaufnahme und -verarbeitung somit eine zentrale Rolle zu (Kroeber-Riel & Weinberg 2003, S. 383).
Limitierte Kaufentscheidungen bilden eine Übergangsform zwischen der extensiven und der habitualisierten Kaufentscheidung. Es findet eine Informationsaufnahme und -verarbeitung statt, jedoch ist die Entscheidungssituation weder neuartig noch schwierig. Es handelt sich um Kaufentscheidungen, die geplant erfolgen und bei denen der Konsument bereits auf eigene Erfahrungen zurückgreifen kann (Kroeber-Riel & Weinberg, S. 384). Interne Informationen sind bei limitierten Kaufentscheidungen sehr wichtig. Erst wenn diese nicht vorliegen beginnt der Konsument aktiv nach anderen Informationsquellen zu suchen (Kroeber-Riel & Weinberg 2003, S. 385).
Habitualisierte Kaufentscheidungen werden hingegen meist emotions- und gedankenlos gefällt (Kroeber-Riel & Weinberg 2003, S. 384). Der Grad der Habitualisierung ist dabei umso größer, je höher die Produktkenntnis vor dem Kauf ist. Die Intensität der Informationssuche und -verarbeitung sinkt ebenfalls mit zunehmendem Grad der Habitualisierung. Konsumenten haben Routinen für bestimmte Kaufakte entwickelt, mit denen sie ihre Kaufentscheidungen mit höchster Effizienz zur Deckung ihrer Bedürfnisse durchführen können. Die Konsumenten wissen, welche Produkte zur Befriedigung bestimmter Bedürfnisses konsumiert werden können und schränken ihre Wahl auf einen sehr engen Bereich an Alternativen ein. Die Bedeutung habitualisierten Kaufverhaltens konnte unter anderem in einer Studie von Guadagni und Little (1983) nachgewiesen werden (Vgl. Kapitel 7.5).
Impulsives Kaufverhalten wird hingegen nur durch eine starke emotionale Aufladung gesteuert (Kroeber-Riel & Weinberg 2003, S. 384). In diesem Sinne ist das Verhalten unmittelbar und reizgesteuert (*reiner Impulskauf*; Kroeber-Riel & Weinberg 2003, S. 409). Darüber hinaus kann es *erinnerungsgesteuerte Impulskäufe* geben. Diese liegen vor, wenn ein Mangel zwischenzeitlich vergessen wurde und erst während des Einkaufsakts wieder erinnert wird (Kroeber-Riel & Weinberg 2003, S. 410). Beschließt ein Konsument zum „Shopping" zu gehen, damit ist gemeint, dass der Konsument eine Einkaufsstätte ohne Kaufabsicht oder einen konkreten Bedarf aufsucht, so spricht man von einem *geplanten Impulskauf*. Impulskäufe können zudem durch Warenproben oder Empfehlungen des Verkaufspersonals erfolgen (Kuß & Tomczak 2000, S. 137f.). Generell zeigen sich bei Impulskäufen eine geringe gedankliche Kontrolle sowie ein weitgehend automatisches Reagieren auf die

Kaufsituation (Kroeber-Riel & Weinberg 2003, S. 412). Kroeber-Riel und Weinberg schätzen, dass 40 bis 50 Prozent der Käufe nicht geplant sind, wovon wiederum 10 bis 20 Prozent den reinen Impulskäufen zuzuordnen sind (2003, S. 415).

3.2 Determinanten der Kaufentscheidung

Der Kaufentscheidungsprozess lässt sich in verschiedene Phasen unterteilen. Jede dieser Phasen wird wiederum durch zahlreiche Determinanten bestimmt. Dieses Kapitel bietet einen Einblick in den Aufbau des Kaufentscheidungsprozesses, in dessen Teilprozesse und in die wirkenden Einflüsse.

Der Kaufentscheidungsprozess beginnt mit der *Bedürfnisweckung*. Dieses Bedürfnis kann entweder durch interne oder externe Stimuli ausgelöst werden. Interne Stimuli werden durch das Individuum selbst generiert und werden verhaltenswirksam, wenn eine bestimmte Wahrnehmungsschwelle des Mangels erreicht wird. Externe Stimuli, wie Werbemaßnahmen, können einen Einfluss auf die Entstehung oder Aktivierung von Bedürfnissen haben. Ist ein Bedürfnis geweckt, so muss sich der Konsument entscheiden, welche Alternative er zur Befriedigung dieses Bedürfnisses wählt. Je stärker ein Bedürfnis ausgeprägt ist und je leichter eine geeignete Bedürfnisbefriedigungsmöglichkeit zugänglich ist, desto wahrscheinlicher ist es, dass das Bedürfnis sofort befriedigt wird. Eine *Informationssuche* findet, wenn überhaupt, nur rudimentär statt. Allerdings tritt der oben beschriebene Fall meistens nicht ein.

Zwischen der Bedürfnisentstehung und der Befriedigung dieses Bedürfnisses vergeht eine bestimmte Zeit. Während dieser Zeitspanne besteht ein Mangelgefühl, sodass der Wunsch nach Befriedigung des Bedürfnisses im Gedächtnis des Konsumenten gespeichert wird. Nach der Intensität des gespeicherten Bedürfnisses spricht man entweder von einem Zustand *erhöhter Aufmerksamkeit* oder einem Zustand der *aktiven Informationssuche*. Bei erhöhter Aufmerksamkeit sind Konsumenten generell empfänglich für Informationen bezüglich des Bedürfnisses und möglicher Gratifikationen (Lilien et al. 1992, S. 25). Stärker ausgeprägte Bedürfnisse führen hingegen zu einer aktiven Informationssuche seitens des Konsumenten. In diesem Fall werden gezielt Informationen zu geeigneten Produkten gesucht. Im Anschluss an die Informationssuche zieht der Konsument mehrere Alternativen in den Auswahlprozess mit ein. In der Regel wird vereinfachend davon ausgegangen, dass Konsu-

menten nur Produkte oder Dienstleistungen als Möglichkeiten der Bedürfnisbefriedigung erachten. Nicht kommerzielle Bedürfnisbefriedigungsmöglichkeiten finden keine Berücksichtigung.
Die *Bewertung* der kaufentscheidungsrelevanten Informationen erfolgt in zwei Teilprozessen. Der Konsument muss zunächst entscheiden, welche Eigenschaften für seine Alternativenbewertung von Bedeutung sind (Lilien et al. 1992, S. 26). Auf Grundlage dieser *Produktwahrnehmung* werden in einem nächsten Schritt *Präferenzen* ausgebildet. Dabei werden mehrere Ansätze zur Beschreibung der Alternativenbewertung unterschieden. Kognitiv orientierte Ansätze gehen davon aus, dass die Produktbeurteilung größtenteils bewusst und rational erfolgt (Lilien et al. 1992, S. 27). Dies ist jedoch nicht immer wahrscheinlich. Bei routinierten und vor allem bei Käufen mit geringem Risiko ist nicht mit einer aktiven und bewussten Informationssuche und -verarbeitung zu rechnen. Man spricht dann von einer *Low Involvement* Situation. Hierbei ist habitualisiertes und impulsives Kaufverhalten sehr wahrscheinlich (Donnerstag 1996, S. 80).
Neben der oben beschriebenen Bewertung unterschiedlicher Alternativen wird der *Kaufentscheidungsprozess* durch zahlreiche weitere Faktoren beeinflusst. Eine wichtige Rolle spielen dabei die Meinungen und Einstellungen anderer Konsumenten bezüglich der Produktalternativen. Der Grad der Beeinflussung durch Dritte hängt entscheidend von der Intensität und Wertung der gemachten Erfahrungen Dritter sowie der Neigung des Individuums, sich der Meinung Anderer anzuschließen ab (Lilien et al. 1992, S. 27). Zudem spielen für die tatsächliche Kaufentscheidung situative Einflüsse eine zentrale Rolle (Lilien et al. 1992, S. 27).
Die Erfahrung in der *Produktverwendung* hat einen starken Einfluss auf die Einstellung gegenüber diesem Produkt sowie in der Entscheidung über einen möglichen Wiederkauf. Mit einer aktiven Informationssuche und -verarbeitung ist vor allem bei Kaufentscheidungen mit hohem Risiko, beispielsweise einem Automobilkauf, zu rechnen. Das Kaufverhalten wird dabei nicht primär durch situative Einflüsse, sondern vielmehr durch rationales und beabsichtigtes Handeln gesteuert. Dies wird durch die *Theorie des überlegten Handelns* von Ajzen und Fishbein (1980) gestützt. Die Autoren unterstellen eine direkte Wirkungsbeziehung zwischen den Intentionen einer Person und deren Verhalten (Vgl. Ajzen & Fishbein 1980). Dies stellt daher für Käufe unter *High Involvement* Bedingungen einen geeigneten theoretischen Rahmen dar. Die individuelle

Kaufhistorie spielt vor allem bei schnelllebigen Konsumgütern eine Rolle. Swan und Combs (1976) gehen davon aus, dass Konsumenten mit einem Produkt zufrieden sind, wenn deren Erwartungen vor dem Kauf durch die Produktverwendung erfüllt werden. Wenn diese Erwartungen sogar übertroffen werden, sind die Konsumenten hoch zufrieden. Werden die Erwartungen an das Produkt hingegen nicht erfüllt, so sind die Konsumenten unzufrieden (Vgl. Swan & Combs 1976). Psychologische Studien heben zudem hervor, dass Konsumenten entweder versuchen die Bedeutung der Unterschiede zwischen den Erwartungen und der erhaltenen Leistung über oder unter zu bewerten. Die *Theorie der kognitiven Dissonanz* geht davon aus, dass der Grad der Unzufriedenheit kleiner sein wird als die Leistungslücke. Unzufriedene Konsumenten versuchen kognitive Dissonanzen dadurch zu verringern, dass die wahrgenommene Leistung der gewählten Alternative höher bewertet oder diejenige, der anderen Alternativen geringer einschätzt wird. Das Bestreben kognitive Dissonanzen abzubauen steigt mit der Wichtigkeit der Entscheidung aus Sicht des Konsumenten (Vgl. Festinger 1957).

4 Marketing-Mix Modelle

Ein Überblick über die Variationen bisher angewendeter Marketing-Mix Modelle sprengt den Rahmen dieser Arbeit. Daher werden einige Modelle ausgewählt und vorgestellt, um die Bandbreite in der Modellentwicklung beispielhaft aufzuzeigen. Der Fokus liegt auf der Schaffung eines Grundverständnisses für die, bei der Modellentwicklung im empirischen Teil dieser Arbeit, getroffenen Annahmen. Darüber hinaus werden Ziele und Anwendungsmöglichkeiten von Marketing-Mix Modellen kurz dargestellt. Abbildung 3 gibt einen Überblick über die grundlegenden Modellkategorien in der empirischen Kaufverhaltensforschung:

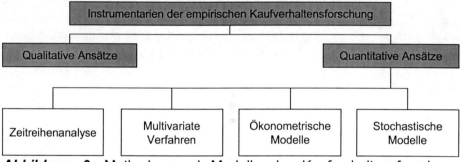

Abbildung 3: Methoden und Modelle der Kaufverhaltensforschung (Quelle: nach Decker 1994, S. 70)

Im Rahmen der vorliegenden Arbeit werden ausschließlich *stochastische* und *ökonometrische Modelle* betrachtet.

4.1 Ökonometrische Marketing-Mix Modelle

Das Ziel von Marketing-Mix Modellen ist es eine möglichst realitätsnahe Beziehung zwischen klassischen Variablen des Marketing-Mix sowie den entsprechenden Zielgrößen herzustellen (Wildner & Scherübl 2005, S. 332). Im Kern geht es folglich darum, das Marketing-Management im Planungs- und Kontrollprozess zu unterstützen, wobei die Frage nach den Auswirkungen alternativer Strategien, den Zukunftserwartungen

Marketing-Mix Modelle

sowie den Ursachen für aktuelle Entwicklungen von Interesse sind (Wildner 1991, S. 115).

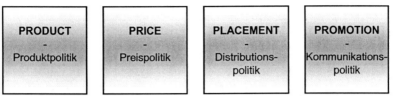

Abbildung 4: Der Marketing-Mix - Die vier P's des Marketing (Vgl. Mc Carthy 1960)

Der klassische Marketing-Mix umfasst die Produkt-, Preis-, Distributions- und Kommunikationspolitik (siehe Abbildung 4). Diese Einteilung, auch die vier P's des Marketing genannt, geht auf Jerome McCarthy zurück (Vgl. McCarthy 1960). Aus Sicht des Marketings ist besonders relevant, in welchem Maße sich eine Zielgröße ändert, wenn ein Element des Marketing-Mix variiert. Die Vorgehensweise bei der Modellentwicklung ist dabei stets ähnlich. Zunächst wird eine rechnerische Verbindung zwischen den Einflussgrößen und der Zielgröße hergestellt, die anschließend statistisch überprüft wird (Wildner & Scherübl 2005, S. 333).

In Zusammenarbeit mit einem Unternehmen, das schnelllebige Konsumgüter herstellt und vertreibt, entwickelte Lavington in den Jahren 1967-1968 ein umfassendes Marketing-Mix Modell, das neben den klassischen Marketing-Mix Variablen auch eine verhaltenstheoretische Verankerung berücksichtigt (Lavington 1972, S. 332). Die Verhaltenstheorie, die Lavington zu Grunde legt, orientiert sich am klassischen *Stimulus-Response Modell* sowie der *klassischen Konditionierung*. Es wird demnach davon ausgegangen, dass jeder Konsument auf bestimmte Stimuli konditioniert ist und stets die Alternative mit der größten Anzahl und Intensität dieser Stimuli wählt (Lavington 1972, S. 338).

BRANDAID ist ebenfalls ein frühes Marketing-Mix Modell, das den Absatz einer Marke mit den potenziellen Auswirkungen von Marketing Entscheidungen in Relation setzt und damit eine Analyse unterschiedlicher Strategien ermöglicht. Als Determinanten der Absatzwirkung werden die Werbeausgaben, die Absatzförderungsmaßnahmen, der Preis, die Anzahl des Verkaufspersonals sowie die Distributionsquote integriert (Little 1975, S. 628). Im Gegensatz zur vorliegenden Arbeit und den gängigen Marketing-Mix Modellen versucht Little nicht anhand statistischer Kriterien eine möglichst gute Anpassung an beobachtetes Kaufverhalten zu erreichen. Stattdessen stellt BRANDAID ein normatives und allgemeines Modell dar, das eine Vielfalt an Szenarien abzubilden versucht (Little 1975, S. 631). Obwohl das Modell eine Vielzahl an Einflussgrößen berücksichtigt, so ist dessen Anwendbarkeit begrenzt, da die Prognose nicht auf Marktdaten, sondern auf Einschätzungen von Experten beruht. Dadurch sind keine statistisch validen Aussagen über die Marktmechanismen möglich. Subjektive Prognosetechniken weisen darüber hinaus die Gefahr kollektiver Fehleinschätzungen auf (Müller 2007; S. 5). Jones und Zufryden (1980) nutzen ein *multinomiales Logit Modell*[3], um die Markenwahl und die Kaufhäufigkeit innerhalb einer Produktgruppe zu prognostizieren (Jones & Zufryden 1980, S. 323). Sie sind unter den Ersten, die das multinomiale Logit Modell auf der Ebene des Individuums anwenden. Dadurch kann Heterogenität bei der Ermittlung der Kaufwahrscheinlichkeit berücksichtigt werden (Jones & Zufryden 1980, S. 324). Diese hängt wiederum in erster Linie von den soziodemographischen Merkmalen der Käufer ab. Im Speziellen sind dies die Familiengröße, die Anzahl der Kinder, das Einkommen sowie die relativen Produktpreise (Jones & Zufryden 1980, S. 327). Im Gegensatz zu vorangegangenen Studien ist es Jones und Zufryden gelungen, den Einfluss soziodemographischer Variablen auf die Kaufentscheidung nachzuweisen (Jones & Zufryden 1980, S. 332). Neuere Ansätze berücksichtigen Konsumentenheterogenität indem sie prüfen, ob sich die Präferenzen, Bedürfnisse, Wünsche, Einstellungen, usw. von Konsumenten ändern, je nachdem in welchem Lebenszyklus sich diese befinden. So konnte Andreasen (1984) nachweisen, dass eine Veränderungen der familiären Umstände der Konsumenten zu einer spontanen

---

[3] Das multinomiale Logit Modell ist ein weit verbreitetes Modell zur Abbildung von Produkt- und Markenwahlprozessen. Es berechnet die Wahrscheinlichkeit, dass ein bestimmter Konsument ein Produkt zu einem definierten Zeitpunkt wählt (Little 1994, S. 156). Neben einer deterministischen Einflussgröße enthält es eine stochastische Störgröße, um eventuell nicht berücksichtigte Variablen mit abzudecken (Guadagni & Little 1983, S. 207). Die Betonung liegt somit auf dem deterministischen Erklärungsteil, während die stochastische Komponente ausschließlich dazu dient, um Fehler der Modellspezifikation und der Variablen auszugleichen (Decker 1994, S. 76). In multinomialen Logit Modellen wird rationales Konsumentenverhalten in der Art angenommen, dass Konsumenten aus allen Alternativen stets diejenige mit dem größten wahrgenommenen Nutzen wählen (Heimel et al. 1998, S. 597). Die erste Anwendung dieses Modells auf Scannerdaten findet sich bei Guadagni und Little (1983).

Änderung von Markenpräferenzen sowie einer generell höheren Sensibilität und Adaptionsbereitschaft gegenüber Innovationen führen.
Seit Verfügbarkeit von *Scannerdaten*[4] werden auch diese als Grundlage zur Ableitung von Marketing-Mix Modellen eingesetzt. Damit hat sich das Aufgabenfeld der Panelforschung verändert. Während zunächst die Herausforderung darin bestand valide Daten zu erheben, steht heute die problemorientierte und intelligente Verknüpfung der kaum noch überschaubaren Datenmenge im Mittelpunkt (Wildner 1991, S. 115). Das erste Modell, das auf Scannerdaten basiert wurde 1983 von Guadagni und Little entwickelt und kann auf zahlreiche Anwendungen sowohl in der Wissenschaft als auch in der Praxis verweisen (Guadagni & Little 2008, S. 26ff.). Obwohl Guadagni und Little die einzelnen Haushalte homogen behandeln, d. h. keine soziodemographischen Merkmale berücksichtigen, wird durch die Modellierung von Produkt- und Verpackungsgrößenloyalität der Heterogenität zwischen Kaufwahrscheinlichkeiten Rechnung getragen (Guadagni & Little 1983, S. 212). Der hohe Verlust an Erklärungskraft, den das Modell bei Ausschluss dieser Variablen verzeichnet, verdeutlicht deren Bedeutung für die Kaufentscheidung (Guadagni & Little 1983, S. 219).
Sabavala und Morrison entwickeln einen Parameter zur Beurteilung der Loyalität von Rezipienten bei der Wahl von Fernsehprogrammen. In Analogie zu Wiederkaufsraten bei Marketing-Mix Modellen setzen sie die Zahl der gesehenen Sendungen zur Summe aller ausgestrahlten Sendungen ins Verhältnis (Sabavala & Morrison 1977, S. 36f.). Die Kenntnis der Zuschauerloyalität kann Programmverantwortlichen dazu dienen, die zukünftig zu erwartenden Zuschauerzahlen besser einzuschätzen. Mit Blick auf die Einschaltquoten kann so ein ausgeglichenes Programmkonzept entwickelt werden.
Der *GfK Brand Simulator* stellt ein Marketing-Mix Modell dar, das speziell auf Basis von Haushaltspaneldaten entwickelt wurde und ergänzend weitere Datenbasen, wie beispielsweise Fernsehzuschauer- und Handelspaneldaten sowie Scannerdaten, integriert (Wildner & Scherübl 2005, S. 334). Dieses Modell ermöglicht die simultane Schätzung aller Marken und Einkaufsstätten, sodass auch Wanderungsbewegungen der Verbraucher erfasst werden können. In diesem Sinne handelt es sich bei

---

[4] Bei der Erhebung der Scannerdaten werden die Produktcodes über optische Messgeräte (Scanner) an den Kassen von Supermärkten erfasst (Vgl. Kapitel 8).

dem Modell nicht um ein Markenmodell, sondern um ein Marktmodell, da es die Interaktionen zwischen allen Marken eines Markts berücksichtigt (Wildner & Scherübl 2005, S. 336). Darüber hinaus können die zentralen Marketing-Mix Variablen Preis, Distribution, Handelsaktionen und TV-Werbung simultan berücksichtigt und optimiert werden (Wildner & Scherübl 2005, S. 337). Die Methode zur Modellberechnung ist, wie in den meisten der vorgestellten Marketing-Mix Modelle, das multinomiale Logit-Modell (Wildner & Scherübl 2005, S. 342).

4.2 Stochastische Marketing-Mix Modelle

Im Gegensatz zu ökonometrischen Modellen geht es bei stochastischen Modellen darum, durch die Wahl geeigneter Wahrscheinlichkeitsverteilungen die Marktgegebenheiten adäquat abzubilden. Die Einbindung erklärender Variablen dient dabei der Erklärung dynamischer, d. h. periodenabhängiger Schwankungen im Kaufverhalten. In der stochastischen Modellbildung wird dies als systematische Variation der Modellparameter bezeichnet (Decker 1994, S. 76). Alle stochastischen Produkt- und Markenwahlmodelle basieren auf der Annahme, dass jeder Kaufakt als das Ergebnis eines Zufallsprozesses, der sich innerhalb einer Black-Box abspielt, begriffen werden kann (Herrmann 1992, S. 97). Folglich wird davon ausgegangen, dass das Produktwahlverhalten besser durch einen zufälligen Prozess als durch die deterministische Erklärung anhand von datenbezogenen Wirkungsbeziehungen beschrieben werden kann (Lilien et al. 1992, S. 31). Gilbert et al. (2007) attestieren klassischen ökonometrischen Modellen gute Ergebnisse, wenn die beobachteten Märkte relativ stabil sind. Diese Modelle versagen jedoch, wenn es sich um Produktneueinführungen handelt (Gilbert et al. 2007, S. 813). In sehr dynamischen Märkten können stochastische Modelle demnach bessere Modellanpassungen liefern (Gilbert et al. 2007, S. 814). Im empirischen Teil der vorliegenden Arbeit wird dies anhand des Vergleichs zweier Modellvarianten, einer *logistischen Regressionsanalyse* und einem *Markov-Ketten* Ansatz, überprüft.
Wagner und Taudes (1986) entwickelten ein stochastisches Modell, das den Kaufzeitpunkt und die Markenwahl in Abhängigkeit der klassischen Marketing-Mix Variablen, der Saisonalität sowie der Trendentwicklungen erklärt und prognostiziert. Während die Kaufrate für jeden Konsument einen individuellen Wert annimmt, werden die Einflüsse von Saison,

Trend und den Marketing-Mix Größen für alle Konsumenten konstant gehalten (Wagner und Taudes 1986, S. 224). Durch diesen Ansatz konnte das Kaufverhalten von Konsumenten auf dem deutschen Markt für Waschmittel gut abgebildet werden (Wagner und Taudes 1986, S. 238).
In einem stochastischen Modell zur Messung der Exposition von Rezipienten gegenüber Medienangeboten versuchten Sabavala und Morrison (1981) Marketingmanagern und Programmverantwortlichen ein Instrument zur Entscheidungsunterstützung bei der Werbebudgetallokation bzw. bei der Programmgestaltung zur Hand zu geben (Vgl. Sabavala & Morrison 1981). Die Verteilungsannahmen bezüglich der Kontaktwahrscheinlichkeiten mit einem Medieninhalt und die Zeitpunkte, in denen eine Änderung der Rezeptionsgewohnheiten eintritt, wurden geschätzt (Sabavala & Morrison 1981, S. 640). Die Anpassung des Modells erfolgte auf Basis von zwei zeitpunktbezogenen Leserbefragungen mit einem Stichprobenumfang von 4.000 Befragten (Sabavala & Morrison 1981, S. 645).
Goldenberg und Muller (2004) präsentieren einen der wenigen Ansätze, der räumliche Daten bei der Analyse von Produktneueinführungen berücksichtigt. Die Autoren nutzen ein Cellular Automata Modell und ein Small-World Netzwerk (siehe Kapitel 6.1), um verschiedene Verbreitungsprozesse zu analysieren (Goldenberg & Muller 2004, S. 421). Es wird davon ausgegangen, dass Word-of-Mouth-Effekte mit räumlicher Nähe in Verbindung stehen und sich daher Cluster von frühen Käufern bilden (Goldenberg & Muller 2004, S. 419). Bleibt die Bildung solcher Cluster aus, kann darin ein Indiz für das Scheitern des Produkts gesehen werden (Goldenberg & Muller 2004, S. 420).
Die folgenden Modelle bilden eine Unterkategorie stochastischer Markenwahlmodelle. Diese Ansätze beruhen auf der Modellierung stochastischer Prozesse mithilfe von Markov-Ketten (siehe Kapitel 10.3).
Labbi und Berrospi (2007) nutzen Markov-Ketten, um die Planung und Allokation des Marketingbudgets einer europäischen Fluglinie in Hinblick auf den maximalen Kundenwert[5] zu optimieren. Jedem Kunden wurde ein Zustand zugewiesen, den dieser mit einer bestimmten Wahrscheinlichkeit ändert. Dies ermöglicht die Simulation alternativer Marketingstra-

---

[5] Der Kundenwert ergibt sich aus dem Umsatz, den ein Kunde durch sein Kaufverhalten generiert abzüglich der Marketing-Kosten, die nötig waren, um den Kunden zum Kauf zu bewegen (Labbi & Berrospi 2007, S. 421).

tegien sowie die Bestimmung optimaler Budgetzuweisungen. Nach Auskunft der Fluglinie konnten die Marketingausgaben auf diese Weise um 20 Prozent gesenkt und die Erfolgsquote um 10 Prozent gesteigert werden (Labbi & Berrospi 2007, S. 429).

Ainslie et al. entwickelten ein Prognosemodell für den Lebenszyklus und Erfolg von Kinofilmen. Obwohl nach Angaben des Branchenverbandes *Motion Picture Association of America* die Produktionskosten je Film bei durchschnittlich rund 60 Millionen $ US liegen und sich die zusätzlichen Marketingaufwendungen durchschnittlich auf weitere 39 Millionen $ US belaufen, finden in dieser Branche Prognosemodelle bisher kaum Beachtung. Einen Grund sehen die Autoren darin, dass Filme aus Sicht der Produzenten Kunstwerke darstellen, deren Erfolgswirkung sich nicht modellieren lässt (Ainslie et al. 2005, S. 508). Als Einflussgrößen des Filmerfolgs integrierten die Autoren in einer Markov-Kette die Werbekosten, die Anzahl der Leinwände, auf denen der neu eingeführte Film bei der Erstaufführung läuft, Kritikerbewertungen sowie einen Index, der die Popularität der Schauspieler und Regisseure abbildet (Ainslie et al. 2005, S. 511). Zur Beurteilung der Modellgüte wurde die Anpassung der Prognoseergebnisse an die Datenbasis sowie eine Validierung des Modells vorgenommen. Die Autoren fanden heraus, dass die Bewertung der Schauspieler die größte Wirkung auf den Erfolg eines Kinofilmes ausübt (Ainslie et al. 2005, S. 515). Ein Kritikpunkt an dieser Studie ist jedoch die Vorgehensweise bei der Validierung des Modells. Der Untersuchungszeitraum wird in einen 111-wöchigen Basiszeitraum und einen 52-wöchigen Prognosezeitraum aufgeteilt. Die Prognose erfolgt jeweils nur eine Woche im Voraus, d. h. zur Prognose des Absatzes für die 112. Woche werden die Parameter anhand der Daten bis einschließlich der 111. Woche geschätzt. Für die 113. Woche gehen alle Daten bis zur 112. Woche ein usw. Für jede Woche der Prognose wird daher ein neues Modell berechnet. Dadurch sind der Aussagekraft und der Prognose enge Grenzen gesetzt.

Watts und Hasker (2006) haben ebenfalls diese so genannten *kreativen Industrien*[6] analysiert. Die Autoren argumentieren, dass die wichtigsten Erfolgsfaktoren nicht in den intrinsischen Eigenschaften dieser Medienprodukte, sondern vielmehr in sozialen Einflüssen, begründet liegen. Da

---

[6] Kreative Industrien ist ein Sammelbegriff für Unternehmen des künstlerisch-medialen Bereichs, wie zum Beispiel Film- und Musikstudios, Verlage, Fernsehsender und die Computerspieleindustrie.

diese Einflüsse schwer zu kontrollieren sind, empfehlen die Autoren die Produktionskosten zu senken und eher mehr Produkte anzubieten, um die Verlustrisiken zu senken. Des Weiteren wird den Produzenten geraten den Kontakt und die Kritik ihrer Kunden zu suchen, um erfolgsversprechende Produkte schnell identifizieren und intensiv bewerben zu können. Dadurch kann, nach Ansicht der Autoren, die Allokation der Marketingaufwendungen optimiert werden (Watts & Hasker 2006, S. 1f.). Ökonometrische Modelle gehen davon aus, dass sich die Kaufwahrscheinlichkeiten aufgrund von Marktdynamiken im Zeitverlauf stets ändern (siehe Kapitel 4.1). Betrachtet man stochastische Prozesse, so führt dies zu massiven Schwierigkeiten bei der Modellkalibrierung. In der Regel beschränkt man sich daher auf einen Markov-Prozess, in dem die aktuelle Kaufentscheidung nur von der zuletzt getroffenen Entscheidung abhängt (*Markov-Kette erster Ordnung*; Vgl. Kapitel 10.3). Ein Problem bei der Umsetzung von Markov-Ketten ist allgemein, dass sich die Berücksichtigung erklärender Variablen als schwierig erweist (Decker 1994, S. 126). Die Grenzen der vorgestellten stochastischen Ansätze bestehen des Weiteren darin, dass diese eher dem Bereich von Sensitivitätsanalysen zuzuordnen sind und nicht versuchen das Marktgeschehen sowie die zu Grunde liegenden Netzwerkprämissen quantitativ zu überprüfen. Stattdessen werden Verteilungsannahmen getroffen und Netzwerktopologien so gewählt, dass diese eine gegebene Datenbasis optimal repräsentieren. Offen bleibt dabei, wie die Netzwerkstruktur aus vorhandenen Daten abgeleitet und der Einfluss von Haushaltseigenschaften auf die Verbreitungsdynamiken überprüft werden kann. Die abgeleiteten Netzwerkprämissen und –topologien lassen sich nur schwer auf andere Märkte oder Produkte übertragen, da diese nur einen konkreten Fall spezifizieren (Goldenberg & Muller 2004, S. 426).

Die vorliegende Arbeit leitet die Netzwerktopologie direkt aus der räumlichen Verortung der Haushalte ab (siehe Kapitel 7.3). Die getroffenen Netzwerkannahmen können dadurch statistisch überprüft werden (siehe Kapitel 9.1). Diese Art der Modellbildung ermöglicht die statistische Interpretation des lokalen Word-of-Mouth Prozesses und zeigt Möglichkeiten auf, wie diese anhand bestehender Datenbasen abgeleitet werden können.

4.3 Überblick und Anwendungsgebiete

Marketing-Mix Modelle werden bereits seit mehreren Jahrzehnten entwickelt. Aufgrund der schwierigen Datenlage, waren frühe Modelle häufig nicht auf die Daten abgestimmt und konnten sich deshalb lange Zeit nicht in der Praxis etablieren (Wildner & Scherübl 2005, S. 333). Erst mit der Verfügbarkeit von Scannerdaten haben viele Marketing-Mix Modelle praktische Anwendung gefunden. Zahlreiche neuere Modelle beruhen zwar auf Haushaltspaneldaten, beziehen dabei allerdings nur einzelne Aspekte des Kaufentscheidungsprozesses mit ein. Modelle, die mehrere Marketing-Mix Bereiche abdecken sind selten (Wildner & Scherübl 2005, S. 337). Die Datenlage ermöglicht heutzutage sehr komplexe Modelle, die zahlreiche Einflussgrößen berücksichtigen und sowohl die Simulation als auch die Prognose komplexer Szenarien und Marketingstrategien ermöglichen. In großen Marktforschungsunternehmen finden derartige Modelle Anwendung, sodass neben der Datenerhebung gerade die Integration der unterschiedlichen Datenbasen eine Kernkompetenz und ein wichtiges Geschäftsfeld dieser Unternehmen darstellt. Die Vorteile von ökonometrischen Markenwahlmodellen bestehen zudem darin, dass sie es ermöglichen Konkurrenzsituationen abzubilden, auf Haushaltspaneldaten angewendet werden können und die entscheidenden Einflussgrößen des Marketing-Mix statistisch überprüfen (Little 1994, S. 163).

Wie bereits in Kapitel 4.2 diskutiert, werden stochastischen Kaufentscheidungsmodellen in vielen Situationen gute Modellanpassungen zugeschrieben. Der Entscheidungsprozess wird dabei als zufälliges Ereignis begriffen, der sich nicht durch erhobene Variablen erklären lässt (Lilien et al. 1992, S. 31). Die Einbindung von erklärenden Variablen sowie die statistische Prüfung der gewählten Verteilungsannahmen und postulierten Zusammenhänge erweisen sich jedoch als schwierig. Einige Anwendungen stochastischer Modelle, beispielsweise die Berücksichtigung von Word-of-Mouth-Effekten, bieten interessante Erweiterungsmöglichkeiten für ökonometrische Modelle. Aus Sicht der ökonometrischen Modelle ist es sinnvoll zu versuchen diese Konzepte aufzugreifen, mit empirischen Daten in Verbindung zu bringen und bei der Modellbildung zu berücksichtigen.

5 Der Adaptionsprozess für Produktneueinführungen

Die Diffusionsforschung befasst sich mit der Frage, wie sich Innovationen in einem sozialen System ausbreiten. Dabei lassen sich zwei Prozesse, ein objekt- und ein subjektbezogener, unterscheiden. Der objektbezogene Diffusionsprozess beschreibt die Penetration eines Marktes mit einer Innovation. Diese umfasst den gesamten Zeitraum von der Entwicklung der Innovation bis zu deren Marktreife und Adaption durch den Endnutzer. Im Gegensatz dazu ist der Adaptionsprozess individuenbezogen und beinhaltet alle Informations- und Entscheidungsprozesse, die ein Individuum bis zur Adaption der Innovation beeinflussen. Wie Abbildung 5 verdeutlicht, werden Bevölkerungsgruppen meist danach eingeteilt, ob sie eine Innovation in Relation zu den anderen Gruppen schnell oder langsam adaptieren:

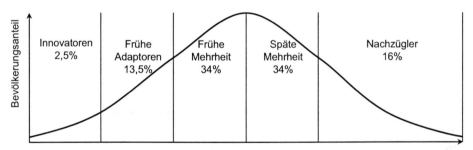

Abbildung 5: Phasen des Diffusionsprozesses von Innovationen in einer Bevölkerung im Zeitverlauf (Quelle: nach Rogers 1983, S. 24)

Eine weitere Möglichkeit die Bevölkerungsgruppen zu klassifizieren ist, sie nach ihrem Einfluss auf Andere zu unterscheiden. *Innovatoren* werden in der Diffusionsforschung analog zu den Meinungsführern in der Kommunikationsforschung konzeptualisiert (siehe Kapitel 2). Innovatoren werden von anderen Konsumenten nach Rat gefragt und stellen eine wichtige Informationsquelle während der Innovationsdiffusion dar. Klassische Diffusionsmodelle gehen davon aus, dass in der Anfangsphase nur diese Innovatoren Kaufentscheidungen treffen. Anschließend

geben sie ihre Erfahrungen in der Produktverwendung an Dritte weiter (Lilien et al. 1992, S. 461).
Coleman et al. (1957) analysieren in einer Studie die Diffusion eines neuen Medikaments unter Ärzten. Dabei zeigen sich unterschiedliche Adaptionsprozesse, je nach dem, ob der entsprechende Arzt einer Berufsgenossenschaft angehört oder nicht. Für Angehörige dieser Berufsvereinigungen kann ein *Schneeballprozess* nachgewiesen werden. Dies bedeutet, dass die Zahl der neuen Adaptoren von der Anzahl der bisherigen Adaptoren innerhalb der Berufsvereinigung abhängt. Bei Ärzten, die nicht derartigen Organisationen angehören, zeigen sich konstante Adaptionsraten (Coleman et al. 1957, S. 261f.).
Bourne (1957) bestätigt diese Dynamiken und arbeitet, auf experimentelle Ergebnisse gestützt, die Relevanz von *Bezugsgruppen* für das Marketing heraus. Personen mit geringem Status und geringer Selbstsicherheit orientieren sich demnach sehr stark an ihrer Bezugsgruppe und tendieren zu konformem Verhalten. Personen mit hohem Status neigen eher dazu von Meinungen der Bezugsgruppe abzuweichen und die eigene Meinung durchzusetzen, da sie den geringsten Verlust an Ansehen riskieren (Bourne 1957, S. 215ff.). Bei Kaufentscheidungen zeigen sich unterschiedlich starke Einflüsse durch Bezugsgruppen, je nach Art des Produktes. Ein sehr anschauliches Beispiel in diesem Bereich sind sicherlich die so genannten *Tupperparties* der Firma Tupperware. Ein Vertriebsmitarbeiter wird dabei zu der Person, die diese Veranstaltung organisiert, eingeladen. Es werden nur Freunde und Bekannte dieser Person eingeladen, sodass die Produkte der Firma vor einer homogenen Gruppe an potenziellen Konsumenten präsentiert werden. Eingebettet in einen angenehmen Rahmen, können die Produkte in Augenschein genommen und getestet werden. Bezugsgruppeneffekte, Nachahmungsverhalten sowie Gruppenkonformität können bei dieser Verkaufsstrategie sehr gut veranschaulicht werden. Generell kann festgestellt werden, dass besonders auffällige Güter, die in diesem Sinne etwas Besonderes sind und öffentlich konsumiert werden, hohe Bezugsgruppeneffekte zur Folge haben (Bourne 1957, S. 218ff.). Diese Erkenntnisse decken sich im Wesentlichen mit der *Theorie sozialer Vergleichsprozesse* von Festinger. Der Druck zur Angleichung an die Meinung der Bezugsgruppe ist dabei umso stärker, je wichtiger die jeweilige Entscheidung und je bedeutsamer die Bezugsgruppe für die entsprechende Person ist (Vgl. Festinger 1954).

Der Adaptionsprozess für Produktneueinführungen

Rogers (1983) fasst in einer Meta-Studie die Erkenntnisse aus über 3.000 Diffusionsstudien zusammen. Übereinstimmung sieht Rogers in den Stufen, die Konsumenten bei der Adaption von Produktneueinführungen durchlaufen. Er unterscheidet in folgende Teilprozesse (Rogers 1983, S. 164):

- *Kenntnisnahme*
  Das Individuum wird auf die Innovation aufmerksam und erlangt ein Grundverständnis von dessen Funktionalität.
- *Meinungsbildung*
  Das Individuum bewertet die Innovation auf Grundlage der zugänglichen Informationsquellen.
- *Entscheidung*
  Das Individuum trifft eine Entscheidung darüber, ob es die Innovation übernehmen oder ablehnen wird.
- *Implementierung*
  Das Individuum wendet die Innovation an.
- *Bestätigung*
  Das Individuum bewertet die Erfahrung in der Anwendung der Innovation und beurteilt diese unter Einbeziehung eigener und fremder Erfahrungen neu. Die Einstellung gegenüber der Innovation wird entweder bestätigt und verfestigt oder revidiert.

Dieser Adaptionsprozess kann auch durch Eigenschaften der Innovation beeinflusst werden. Unter sonst gleichen Bedingungen wird eine Innovation umso schneller diffundieren, je:

- stärker der relative Vorteil der Innovation gegenüber deren Alternativen ist.
- höher die Kompatibilität der Innovation ist.
- geringer die Komplexität der Innovation ist.
- leichter die Innovation getestet und geprüft werden kann. Dies umfasst implizit auch eine Kosten- und Risikokomponente, da hohe Kosten und Risiken Probekäufe be- oder verhindern.
- „sichtbarer" die Innovation ist, d. h. je leichter und schneller der Nutzen der Innovation nachvollzogen werden kann.

Pepels (2005) nennt darüber hinaus einige personenbedingte Eigenschaften, von denen angenommen wird, dass sie zu einer höheren Übernahmewahrscheinlichkeit führen. Eine Übernahme ist umso wahrscheinlicher, je (Pepels 2005, S.156f.):

- höher die persönliche Risikobereitschaft ist.
- aufgeschlossener eine Person gegenüber Innovationen ist.

- jünger die Person ist, da hier eine größere Flexibilität unterstellt wird.
- höher der formale Bildungsstand und das Einkommen der Person sind.
- höher der soziale Status und die Mobilität der Person sind.

Die modellhafte Umsetzung dieser theoretischen Konzepte für Produktneueinführungen erfolgt in der Regel in aggregierten Diffusionsmodellen. Deren Aufgabe ist es, einen Zusammenhang zwischen einigen wenigen Einflussgrößen und einer aggregierten Diffusionskurve herzustellen. Die Parameter dieser Modelle werden entweder aus vergleichbaren Produktneueinführungen übertragen, anhand der Absatzzahlen seit der Markteinführung geschätzt oder aus Markttests mit einigen Konsumenten abgeleitet (Lilien et al. 1992, S. 464). Das so genannte *Bass-Modell* ist das wohl am weitesten verbreitete Diffusionsmodell und hat, seit dessen Veröffentlichung im Jahre 1969, zahlreiche Erweiterungen erfahren. Die Grundprämisse des Modells ist, dass sich die Diffusionskurve aus einer Kombination von innovativen und imitativen Effekten ergibt. Imitation im Kaufverhalten wird dabei mit Word-of-Mouth Prozessen erklärt und hängt von der Anzahl der bisherigen Käufer ab. Der Innovationseffekt beruht hingegen auf der Nutzenkomponente der Innovation sowie auf externen Einflüssen. Die klassische Interpretation dieses Modells geht von einem hohen relativen Anteil an Innovatoren zu Beginn des Diffusionsprozesses aus, da die Kaufwahrscheinlichkeit dieser Personen nicht von der Anzahl der bisherigen Käufer abhängt. Im Zeitverlauf steigt die Zahl der Käufer, sodass auch Imitatoren zum Kauf animiert werden, wodurch der relative Anteil der ursprünglichen Innovatoren sukzessive abnimmt. Wie in Abbildung 6 dargestellt ergibt sich ein typischer s-förmiger Verlauf für die Diffusionskurve. Hat die Innovation eine kritische Masse an Käufern erreicht, so steigt der Absatz aufgrund der einsetzenden internen Effekte rapide an, um sich schließlich dem maximalen Absatzpotenzial anzunähern (Vgl. Bass 1969). Gerade in Mode- und Trendmärkten, wie beispielsweise dem Markt für Kinofilme, zeigt sich eine hohe Dynamik bei der Markteinführung. So kann bereits kurz nach der Einführung eines Films mit hoher Wahrscheinlichkeit gesagt werden, ob dieser erfolgreich sein wird oder nicht, da die kritische Masse an Rezipienten in der Regel schnell erreicht wird. Verantwortlich hierfür ist der hohe Werbedruck vor und direkt nach der Premiere des Films (Vgl. Krider & Weinberg 1998).

Der Adaptionsprozess für Produktneueinführungen

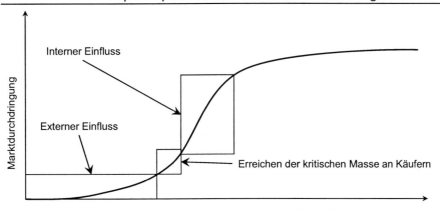

Abbildung 6: Der s-förmige Verlauf einer aggregierten Diffusionskurve (Quelle: nach Delre et al. 2007, S. 827)

Bemmaor (1993) erweitert das klassische Bass-Modell, indem er bei der Aggregation die Heterogenität der Konsumenten bezüglich ihrer Kaufpräferenz berücksichtigt (Bemmaor 1993, S. 202). Im Kern geht es darum, die restriktiven Annahmen der klassischen Diffusionsforschung aufzubrechen und detaillierter zu betrachten. In Bezug auf die Annahmen zu den Kaufwahrscheinlichkeiten muss analysiert werden, wie sehr sich Bevölkerungsgruppen während des Diffusionsprozesses wirklich unterscheiden (Bemmaor 1993, S. 220). Bemmaor kommt zu dem Ergebnis, dass Word-of-Mouth Prozesse nicht hinreichend durch die klassischen Modelle der Diffusionsforschung berücksichtigt werden können. Es ist nicht klar, welchen kaufentscheidungsrelevanten Einfluss die unterschiedlichen Bevölkerungsgruppen (siehe Abbildung 5) aufeinander ausüben (Bemmaor 1993, S. 221). Zahlreiche weitere Annahmen der klassischen Diffusionsforschung werden ebenfalls kritisiert. Die Vereinfachung, dass das Marktpotenzial der Innovation im Zeitverlauf konstant bleibt ist unrealistisch (Lilien et al. 1992, S. 471). Darüber hinaus werden bei den meisten Diffusionsmodellen keine konkurrierenden Innovationen berücksichtigt. Es ist jedoch davon auszugehen, dass die Existenz funktional äquivalenter Alternativen einen großen Einfluss auf den Diffusionsprozess einer Innovation ausübt, da sich in der Regel nur ein Standard durchsetzt. Ein weiterer Schwachpunkt vieler Diffusionsmodelle ist, dass diese die räumliche Verbreitung von Innovationen nicht als Einflussgröße berücksichtigen (Lilien et al. 1992, S. 472). Auch Marketing-

Mix Variablen werden in der Diffusionsforschung meist nicht berücksichtigt, d. h. implizit wird davon ausgegangen, dass diese keinen Einfluss auf den Diffusionsprozess ausüben (Lilien et al. 1992, S. 473). Lilien et al. (1992) sehen darüber hinaus in der Validierung der Diffusionsmodelle weiteren Handlungsbedarf, um die Qualität und den empirischen Aussagegehalt der Studien besser vergleichen und beurteilen zu können (Lilien et al. 1992, S. 497). Zahlreiche Studien berücksichtigen diese Kritikpunkte und versuchen durch erweiterte Modellannahmen Diffusionsprozesse adäquater zu modellieren. In einer Vielzahl von Modellen werden daher verstärkt Marketing-Mix Variablen sowie Produkt- und Markteigenschaften integriert. Zudem werden abweichende Diffusionskurven, Konkurrenzbedingungen, stochastische Komponenten, Konsumentenheterogenitäten und viele weitere potenzielle Einflussgrößen auf den Diffusionsprozess getestet (Lilien et al. 1992, S. 479).

Insbesondere im Bereich der Massenkommunikations- und Unterhaltungsmedien zeigen sich viele technische Innovationen und neue Programmformate. Der Schwerpunkt der meisten Diffusionsstudien wird dabei auf innovative Techniken gelegt. Einige Beispiele werden im Folgenden kurz vorgestellt.

Eine von der Prognos AG 1978 durchgeführte Studie zur Entwicklung des Werbemarktes in Deutschland zeigt gute langfristige Prognoseergebnisse. Markant ist aber, dass diese eine Mischung aus nicht eingetroffenen Entwicklungsannahmen darstellen, die sich gegenseitig kompensieren und, in absoluten Werten betrachtet, eine gute Prognose ergeben. So wurde der Einführungszeitpunkt für private Rundfunkanbieter erst Ende der 1980er Jahre erwartet. Im Bereich des öffentlich-rechtlichen Rundfunks wurde hingegen mit einer deutlichen Ausweitung der Werbezeiten gerechnet. Beide Annahmen traten in der Realität nicht ein (Schrape & Trappel 2001, S. 46f.).

Eine 1979 erstellte Prognose des gleichen Instituts zeigt eine zutreffende Vorhersage der Diffusion von Videorecordern in Deutschland. Die mittelfristige Innovationsdiffusion wurde mit 3,3 Prozent leicht überschätzt, während die langfristige Entwicklung unterschätzt wurde (-6,25 Prozent). Der Absatz auf dem Videoprogrammmarkt wurde hingegen um mehr als das vierfache überschätzt (Schrape & Trappel 2001, S. 48).

1983 wurde bundesweit der so genannte Bildschirmtext eingeführt, um vielen Menschen die Möglichkeit der Text- und Datenkommunikation zu bieten. Neuerungen dieser Technologie waren der Abruf von gespeicherten Informationen und der Austausch von Textmitteilungen. Darüber hinaus konnte eine Verbindung zu externen Rechnern hergestellt werden. Das System bestand aus einem Bildschirm, einer Tastatur, einem Telefon und einem Decoder, der die empfangenen Daten entschlüsselt, sowie einem Modem, das eine Verbindung zum Telefonnetz herstellt. Diese Technologie war auch mit Fernsehgeräten kompatibel. So konnte der Fernseher als Bildschirm, die Fernbedienung als Tastatur eingesetzt werden (Berndt & Altobelli 1991, S. 955). Die Diffusion dieser Innovation blieb weit hinter der pessimistischsten Prognose zurück (Berndt & Altobelli 1991, S. 957). Analysiert man die Gründe dafür, so zeigt eine im Jahre 1985 durchgeführte Studie, dass ein großer Teil der Bevölkerung, trotz hoher Werbeausgaben, nur unzureichend über die Innovation informiert war. Dies deutet auf eine verfehlte Kommunikationspolitik von Seiten des Anbieters, damals der Deutschen Bundespost, hin (Berndt & Altobelli 1991, S. 959). Die Autoren versuchten den Diffusionsprozess mit verschiedenen Modellen abzubilden und deren weiteren Verlauf zu prognostizieren. Die beste Modellanpassung ($R^2=0,79$) wurde mit dem bereits diskutierten Bass-Modell erreicht (Berndt & Altobelli 1991, S. 961ff.). Aufgrund dieser Prognoseergebnisse gingen die Autoren erst dann mit einer steigenden Verbreitung im privaten Bereich aus, wenn sich die Innovation im kommerziellen Sektor etablieren konnte. Die zusätzliche Berücksichtigung der Preispolitik des Unternehmens führt zu einer deutlich besseren Modellanpassung ($R^2=0,93$) und ermöglicht eine modifizierte Diffusionsprognose. Die Autoren schließen daraus, dass die verfehlte Preispolitik ein weiterer wichtiger Grund für das Scheitern der Innovation ist (Berndt & Altobelli 1991, S. 964ff.). Die Studie von Klophaus (1996) diskutiert wiederum die Prognose von Berndt und Altobelli, da auch diese den Teilnehmerbestand des Jahres 1994 um beinahe das doppelte überschätzt hat. Die Wiedervereinigung und ein Preisverfall, der deutlich größer war als im Diffusionsmodell von Berndt und Altobelli berücksichtigt, stellen Strukturbrüche dar, die eigentlich zu einer erhöhten Adaptionszahl im Vergleich zu der erstellten Prognose hätten führen müssen. Klophaus kritisiert, dass in Diffusionsmodellen die Möglichkeit nicht erfolgreicher Innovationen überhaupt nicht berücksichtigt wird (*Pro-Diffusions-Bias*). Die Modellierung von Flops oder von abweichenden Verlaufsdynamiken erfährt nach Einschätzung von Klophaus zu wenig Beachtung (Klophaus 1996, S. 584). Führt man sich die, in der Einleitung kurz beschriebenen, hohen Flopraten bei Produktneueinführungen vor Augen, so ist diese Kritik durchaus angebracht. Klophaus propagiert daher ein mikroökonomisches Diffusionsmodell, das eine Va-

riable für den Kaufwiderstand integriert. Erst, wenn dieser kleiner als die Einschätzung der Produktqualität ist, erfolg ein Kaufakt (Klophaus 1996, S. 586ff.). Jedoch stellt auch die Einschätzung der Produktqualität und des -nutzens aus Konsumentensicht ein Problem dar, das hohe Anforderungen an das Datenmaterial stellt (Vgl. Kapitel 8).
Eine aktuelle Studie von Quiring und Jandura (2008) analysiert die Diffusion von interaktiven Fernsehangeboten. Die Autoren stellen fest, dass im Medienbereich bestimmte Schlüsselereignisse für eine gesteigerte Adaptionsbereitschaft verantwortlich sind. Diese Ereignisse unterstützen die Diffusion, indem sie der Kommunikation über diese Innovation neue Impulse bieten (Quiring & Jandura 2008, S. 386). Mithilfe mehrerer repräsentativer telefonischer Befragungen versuchten die Autoren den Diffusionsprozess durch einen zeitlichen und regionalen Vergleich nachvollziehen zu können (Quiring & Jandura 2008, S. 387). Ein Schlüsselereignis stellte die Umstellung von analogen auf digitale terrestrische Signale dar, da die Rezipienten hierfür neue technische Geräte benötigten. Ein weiteres Schlüsselereignis stellte die Fußball WM 2006 dar (Quiring & Jandura 2008, S. 392). Die Analyse verschiedener interaktiver Fernsehangebote hat gezeigt, dass sich deren Bekanntheit innerhalb eines Jahres, von 2006 auf 2007, für keines der Angebote erhöht und für einige sogar verringert hat (Quiring & Jandura 2008, S. 395). Die Autoren stellen jedoch einen kurzfristigen Aufmerksamkeitseffekt sowohl bei der Umstellung der Empfangstechnologie als auch während der Fußball WM 2006 fest (Quiring & Jandura 2008, S. 404). Die Diffusion dieser interaktiven Fernsehangebote folgt nicht der zuvor vorgestellten s-förmigen Diffusionskurve (siehe Abbildung 6). Der Einbruch in der Bekanntheit der Innovation kann unter Umständen als Frühwarn-Indikator für ein mögliches Scheitern der Innovation angesehen werden (Quiring & Jandura 2008, S. 405). Die Autoren können zeigen, dass Schlüsselereignisse zumindest kurzfristig einen starken Einfluss auf den Diffusionsprozess haben (Quiring & Jandura 2008, S. 406).
Eine weitere technische Innovation im Bereich der Medien stellt die Nutzung von Fernsehangeboten über mobile Endgeräte dar (im Folgenden *Handy-TV* genannt). Dieser Dienst wurde am 31. Mai 2006 erstmals in Deutschland angeboten. Mobilität in der Rezeption von Fernsehinhalten war in diesem Sinne bis dahin nicht möglich. Trotz der Euphorie der Fußball WM in Deutschland, den hohen Marketingaufwendungen und der positiven Einschätzung der Innovation durch die (wenigen) bisherigen Nutzer, blieben die Nutzerzahlen hinter den Erwartungen der Anbie-

ter zurück (Kaumanns & Siegenheim 2006, S. 498). In einer repräsentativen, computergestützten Telefonbefragung von 1.000 Personen konnten Kaumanns und Siegenheim zum einen zeigen, dass viele potenzielle Nutzer (85 Prozent der Befragten) bereits von der Innovation gehört haben, sich zum anderen jedoch nur 9 Prozent der Befragten für diese interessieren (Kaumanns & Siegenheim 2006, S. 502). Als Hauptgrund für die Ablehnung der Innovation gaben die Befragten die Verfügbarkeit von alternativen Fernsehangeboten an. Zudem waren sich die Befragten nicht sicher, welche Kosten die Nutzung von Handy-TV mit sich bringt und welchen Mehrwert dies bietet. Aussagen über eine mögliche Diffusion dieser Innovation sind auf Grundlage der Studie nur begrenzt möglich. Die Autoren empfehlen den Anbietern sich auf die Gruppe der 20 bis 29 jährigen zu konzentrieren, da diese die höchste Adaptionsbereitschaft äußerten. Jedoch weist gerade auch diese Gruppe das geringste Einkommen auf. Wesentliche Faktoren für den Erfolg von Handy-TV sind in Deutschland (noch) nicht gegeben, da die potenziellen Nutzer bisher keinen Mehrwert in den Angeboten sehen (Kaumanns & Siegenheim 2006, S. 507f.).

Eine große Anzahl neuerer Diffusionsstudien berücksichtigen zudem die Erkenntnisse der Netzwerkforschung und untersucht die Verbreitung von Innovationen in sozialen Netzen mit unterschiedlichen Netzwerktopologien. Nachfolgend wird ein kurzer Überblick zu diesen Modellen gegeben.

Delre et al. (2007) untersuchten die Wirkung unterschiedlicher Werbestrategien mithilfe eines Small-World Netzwerks (siehe Kapitel 6.1). Sie fanden heraus, dass Werbemaßnahmen am effizientesten sind, wenn sich diese auf kleine Gruppen mit einer hohen lokalen Vernetztheit konzentrieren. Der Werbedruck innerhalb dieser Gruppen sollte möglicht groß sein. Ausgehend von diesen kleinen Clustern verbreiten sich die Produktinformationen schnell im gesamten Markt (Delre et al. 2007, S. 834). Delre et al. (2006) wiesen zudem nach, dass sich Innovationen in Märkten mit stark heterogenen Konsumentenschichten schneller verbreiten als in homogenen Märkten (Vgl. Delre et al. 2006).

Häufig etabliert sich bei Innovationen nur ein Standard, obwohl dieser nicht unbedingt die beste Alternative sein muss. Man könnte daher von einem natürlich gewachsenen technologischen Monopol sprechen. In der Ökonomie wird dies meist als *Lock-in Effekt* bezeichnet. Gründe hierfür sind zum einen Skaleneffekte und zum anderen Netzwerkexternalitäten. Skaleneffekte, auch Preisexternalitäten genannt, begünstigen

Lock-in Effekte, da mit höheren Produktionsmengen die Stückkosten auf Grund von Fixkostendegressionseffekten abnehmen (Vgl. Arthur 1989). Von Netzwerkexternalitäten spricht man hingegen, wenn der Produktnutzen mit der Zahl der bisherigen Nutzer steigt bzw. die Kosten mit zunehmender Nutzerzahl sinken (Vgl. Libowitz & Margolis 1995). Die Kosten des Wechsels, um mit einem anderen Standard zu arbeiten, sind in diesen Fällen unverhältnismäßig hoch, sodass sich andere Alternativen nicht durchsetzen können. Beispiele hierfür sind das QWERTY-Keyboard bei Personalcomputern, das Betriebssystem Microsoft Windows oder auch die VHS Videokassette. Janssen und Jager (1999) entwickelten ein agentenbasiertes Cellular Automata Modell mit einer zweidimensionalen quadratischen Netzwerkstruktur, um die Entstehung von Lock-in Effekten zu analysieren (siehe Kapitel 6.1). Sie konnten zwei Arten von Lock-in Effekten nachweisen, einen lokalen und einen globalen. Ein lokaler Lock-in findet demnach statt, wenn Konsumenten zufrieden sind. In diesem Fall sind sie nicht bestrebt ihr Kaufverhalten zu ändern und sich nach Alternativen umzusehen. Diese Konsumenten kaufen die Produkte, die sie bereits zuvor gekauft haben (habitualisiertes Kaufverhalten; siehe Kapitel 3 & Kapitel 7.5) oder verlassen sich auf die Kauferfahrungen benachbarter Konsumenten (Janssen & Jager 1999, S. 19). Im Gegensatz dazu sind globale Lock-in Effekte wahrscheinlich, wenn Konsumenten bei der Einführung eines neuen Produktes noch keine Präferenzen ausgebildet haben und der Preis ein zentrales Auswahlkriterium darstellt. Der billigste Anbieter generiert demnach die größte Nachfrage und kann die höchsten Marktanteile für sich gewinnen. Mit steigendem Absatz setzen Skaleneffekte ein, sodass sich die Stückkosten für den größten Anbieter weiter verringern. Es entsteht ein Spiraleffekt, der andere Anbieter diskriminiert (Janssen & Jager 1999, S. 17).

Zahlreiche weitere Annahmen und Konzepte zu sozialen Netzwerken und deren Auswirkungen auf den Diffusionsprozess wurden in Modellen umgesetzt und simuliert. Die Breite dieser Entwicklungen darzustellen übersteigt den Rahmen der vorliegenden Arbeit. Die bisher vorgestellten Ansätze geben einen ersten Einblick in diese Diffusionsdynamiken. Eine vertiefende und ergänzende Sichtweise sowie einige Beispiele konkreter Markteinführungen finden sich bei Janssen & Jager (2002), Vindigni et al. (2002), Janssen & Jager (2003), Dodds & Watts (2004), Jager & Amblard (2004), Nelson et al. (2004) und Jager (2006).

Der Vorteil von Diffusionsstudien unter Berücksichtigung von Netzwerkannahmen besteht darin, Aussagen über Einflüsse auf Ebene der Konsumenten zuzulassen (Mikroebene), wodurch die aggregierte Sichtweise klassischer Diffusionsmodelle (Makroebene) ergänzt werden kann. Der Mikroebene kann in Diffusionsstudien bisher wenig Beachtung geschenkt werden, da sich die experimentelle Kontrolle der Variablen schwer umsetzen lässt. Simulationsmodelle ermöglichen hingegen eine systematische Variation dieser Variablen und können dadurch einen Anhaltspunkt der Dynamiken zwischen der Mikro- und der Makroebene liefern (Jager et al. 2008, S. 4). Nach Jager et al. (2008) sind Simulationsstudien geeignet, um die Lücke zwischen den Entscheidungs- und Verhaltensdynamiken auf der Ebene des Individuums und der aggregierten Marktpenetration zu schließen (Jager et al. 2008, S. 5). Word-of-Mouth-Effekte und individuelle Werbeformate können so nach Einschätzung der Autoren berücksichtigt werden. Diese Analysen entziehen sich aber einer quantitativen Überprüfung, sodass deren Einfluss auf den Diffusionsprozess nicht abschließend geklärt werden kann. Die Modellierung menschlicher Kommunikations- und Kontaktnetzwerke stellt beachtliche empirische Hürden dar, da diese Dynamiken mit den bestehenden Messmethoden nicht hinreichend erfasst werden können. Obwohl der Aussagegehalt dieser Netzwerkmodelle von großem Interesse für die Wissenschaft und die Praxis ist, sind mit steigender Komplexität der Fragestellungen zahlreiche Annahmen erforderlich, die robuste und reliable Analysen erschweren (Watts et al. 2005, S. 11157). Es erweist sich zudem als extrem schwierig die Netzwerktopologien aus empirischen Daten abzuleiten und diese zu testen. Auch hinsichtlich der theoretischen Fundamente lassen sich die vorgestellten Ansätze kritisieren. So gehen diese davon aus, dass Meinungsführer über sehr viele Kontakte verfügen und Diffusionsprozesse in besonderem Maße beeinflussen (siehe auch Kapitel 2). Der Einfluss dieser Meinungsführer in Diffusionsprozessen ist aber trotz umfangreicher Forschungstätigkeit noch nicht eindeutig geklärt. Brüne (1989) versucht die Charakteristika dieser Personengruppe in einem allgemeinen Meinungsführerkonstrukt zu operationalisieren. Meinungsführer zeichnen sich dabei durch ein geringes Alter, ein hohes Einkommen, einen hohen Berufsstatus und ein hohes Bildungsniveau aus (Vgl. Brüne 1989). Derartig generelle Aussagen sind für die Modellbildung ungeeignet. Meinungsführerschaft ist nicht als ein allgemeines Phänomen, sondern vielmehr als produkt- und bereichsspezifische Meinungsführerschaft zu verstehen. Daher lassen sich auch nur singuläre und kurzlebige Aussagen treffen, die auf den Einzelfall angewendet und überprüft werden müssen. Watts und Dodds kommen bei ihren Untersuchungen sogar zu dem Schluss, dass Meinungsführer nicht mehr Einfluss auf den Diffusionsprozess ausüben als durchschnittliche Personen. Die stärkste Wirkung auf den Diffusionsprozess üben nach Einschätzung der Autoren leicht beeinflussbare Personen aus, die wiederum andere leicht beeinflussbare Personen zur Adaption animieren. Meinungsführer hingegen sind schwer zu beeinflussen, da diese überdurchschnittlich gut informiert sind (Vgl. Watts & Dodds 2007). Das Meinungsführerkonzept, wie es im Two-Step-Flow of Communication verstanden wird, bildet ein eigenständiges Konzept, das nicht ohne weiteres übernommen werden kann (siehe Kapitel 2). Zwar werden Meinungsführer die größte Anzahl an Kontakten zu anderen Personen, zu Medien und Informationen allgemein aufweisen und daher als Erste von der Innovation erfahren, jedoch müssen diese nicht unbedingt diejenigen sein, die eine Innovation als Erste adaptieren. Diese Möglichkeit der Differenzierung zwischen Innovatoren und Meinungsführern wird in den meisten Studien zur Diffusionsforschung nicht berücksichtigt. Dies ist sicherlich auch auf die Schwierigkeiten bei der empirischen Umsetzung zurückzuführen, da in diesem Fall der Informationsverbreitungs- und Kaufentscheidungsprozess voneinander unabhängig betrachtet werden müssen.

6 Aussagekraft klassischer epidemiologischer Modelle

Die Epidemiologie im klassischen Sinne befasst sich mit der Untersuchung der Verteilung und Verbreitung von Krankheiten in Bevölkerungsgruppen und schließt deren physikalische, chemische, psychische sowie soziale Ursachen in die Betrachtung ein (Kundt & Krentz 2007, S. 9). Das Ziel epidemiologischer Modelle ist es, auf Grundlage dokumentierter Daten zur Krankheitsentstehung auf deren weitere Verbreitung schließen zu können. Diese Prognosen dienen der Beurteilung von Präventions- und Interventionsstrategien, um das Ausbrechen einer Epidemie möglichst zu verhindern (Bonabeau et al. 1998, S. 2421). Hieran wird die Ähnlichkeit zu Diffusionsprozessen und Marketing-Strategien augenscheinlich (siehe Kapitel 4 & Kapitel 5). Auch die Diffusionsforschung beschäftigt sich mit Verbreitungsprozessen in Bevölkerungen und spezifischen Bevölkerungsgruppen. Marketing-Strategien zielen auf die Gestaltung von Produktverbreitungsprozessen und weisen damit Analogien zu Präventions- und Interventionsstrategien auf, obwohl die gewünschte Wirkungsrichtung gerade entgegengesetzt ist (Vgl. Dodds & Watts 2005). Das folgende Kapitel gibt zunächst einen Überblick über klassische epidemiologische Modelle sowie aktuelle Ansätze aus der Netzwerkforschung. Konzepte, die auf Innovationsverbreitungsprozesse übertragbar sind, werden besonders hervorgehoben.

Alle epidemiologischen Modelle beruhen auf der zentralen Annahme, dass sich Epidemien durch die Übertragung von Krankheitserregern von infizierten zu empfänglichen Personen ausbreiten. Die raumzeitliche Ausbreitung einer Krankheit beginnt stets mit dem ersten Krankheitsfall. Ausgehend von diesem wird die Dynamik der Ausbreitung beschrieben. Die Kenntnis bzw. die Schätzung der Übertragungsrate ist ein zentrales Element epidemiologischer Modellbildung (Chowell 2007, S. 156). Klassische epidemiologische Studien teilen Menschen, je nach Stadium der Infektion, in distinkte Gruppen ein. Die bis heute in der Epidemiologie verbreitete Klassifikation unterteilt die Population (N) in die Gruppen Empfängliche (S), Infizierte (I) und Genesene (R). Sobald eine empfängliche Person infiziert wird, ist sie Teil der Gruppe der Infizierten und dadurch selbst ein potentieller Überträger der Krankheit. Infizierte Personen werden mit einer bestimmten Wahrscheinlichkeit geheilt oder sterben an den Folgen der Erkrankung. In einigen Ansätzen werden auch die Einflüsse von Geburten und Todesfällen bei der Analyse von Krankheitsverläufen berücksichtigt (Awerbuch 1994, S. 235). Dieser Krankheitsverlauf wird zusammenfassend in Abbildung 7 dargestellt.

Abbildung 7: Einfaches deterministisches Modell zur Ausbreitung einer Krankheit mit den epidemischen Gruppen der Empfänglichen (S), der Infizierten (I) und der Genesenen (R)

Modelle dieser Art sind deterministisch, da sie für jedes Individuum die gleiche Übertragungs- und Regenerationswahrscheinlichkeit zu Grunde legen. Unterschiede ergeben sich somit nur zwischen den einzelnen Gruppen (Awerbuch 1994, S. 238). Ein weiterer kritischer Punkt bei deterministischen Modellen ist, dass die zur Ableitung der Wahrscheinlichkeitsverteilungen benötigten Daten häufig nur unvollständig zu Verfügung stehen, sodass diese entweder stark generalisiert werden müssen oder lediglich geschätzt werden können (Doran & Laffan 2005, S. 136). Darüber hinaus werden in klassischen epidemiologischen Modellen keine Aussagen über das Kontaktnetzwerk getroffen, d.h. es wird davon ausgegangen, dass sich diese epidemischen Gruppen zufällig vermischen (Vgl. Watts 2004, S. 257). Gerade hier können sich Ansätze, wie sie in der Netzwerkforschung angewendet werden, als fruchtbar erweisen. Dieses Basismodell der Verbreitung von Krankheiten hat bis heute zahlreiche Erweiterungen erfahren. Eines der komplexesten Modelle dieser Art bildet das so genannte M-S-E-I-R-S Modell. Das klassische Modell wird durch zwei weitere Gruppen, die der Personen mit temporärer Immunität (M) und der Gruppe der Exponierten (E), erweitert. Personen mit temporärer Immunität sind in der Regel Personen, die nach einer Infektion für eine bestimmte Zeit gegen einen Krankheitserreger immun sind (Zengwang 2007, S. 42). Die Gruppe der Exponierten bezeichnet Personen, die bereits mit dem Krankheitserreger in Kontakt gekommen sind, sich aber noch in der Inkubationsphase befinden. Die Inkubationszeit bezeichnet diejenige Zeitspanne, die zwischen dem ersten Kontakt mit dem Krankheitserreger und dem Ausbruch der Krankheit vergeht (Chowell et al. 2004, S. 120). Eine weitere Ergänzung des Modells ist die Möglichkeit der erneuten Infizierung. Genesene werden nach einer bestimmten Zeitspanne wieder der Gruppe der Empfänglichen zugeordnet und können sich erneut infizieren (Vgl. Dodds & Watts 2005). Abbildung 8 stellt die Annahmen dieses erweiterten Modells schematisch dar:

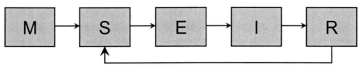

Abbildung 8: Erweitertes deterministisches Modell der Bewegungen von Individuen zwischen den epidemischen Gruppen der Empfänglichen (S), der Exponierten (E), der Infizierten (I), der Genesenen (R) und den Personen mit temporärer Immunität (M)

Komplexere Modelle beziehen darüber hinaus soziale Umstände und Verhaltensänderungen in die Betrachtung mit ein. Dies wird bei Krankheiten mit komplexen Infektionswegen und Krankheitsverläufen erforderlich (Awerbuch 1994, S. 236). Trotz der großen Bedeutung eines besseren Verständnisses der geographischen Ausbreitung von Krankheiten, gibt es nur wenige empirische Untersuchungen, die sich mit der Prognose dieser raumzeitlichen Dynamik befassen. Ein Grund dafür ist sicherlich die Schwierigkeit lange und ununterbrochene Zeitreihen an reliablen Daten zu einem Krankheitsverlauf zu erhalten. Geht man davon aus, dass räumliche Nähe ein Einflussfaktor auf die Verbreitung von Krankheiten ist, so wird deutlich, dass lokale Kontaktstrukturen für die Modellierung epidemiologischer Prozesse bedeutsam sind. Die Integration lokaler Netzwerke, Bevölkerungsdichten sowie der Transport- und Verkehrsmittel kann in diesem Zusammenhang detailliertere Erkenntnisse über die Verbreitung von Krankheiten ermöglichen (Bonabeau et al. 1998, S. 2421). Bonabeau et al. (1998) haben herausgefunden, dass die Bevölkerungsdichte nur am Punkt der höchsten Ausbreitung einer Krankheit relevant ist. Bis dieser Punkt erreicht wird überwiegt der Effekt der flächendeckenden Ausbreitung. Das Ergebnis deutet auf eine schnelle räumliche Ausbreitung hin, die zu einer großen Anzahl neuer Erkrankungen führt. Auf diese Weise werden auch ländliche Regionen schnell von der Epidemie erfasst, sodass bald der gesamte Untersuchungsraum mit Krankheitsfällen bedeckt ist. Die größte Zahl der Fälle ist dann zu verzeichnen, wenn die räumliche Ausbreitung flächendeckend erfolgt ist und ein Anstieg der Infizierten nur noch in Gegenden mit einer hohen Bevölkerungsdichte zu erwarten ist (Bonabeau et al.

1998, S. 2424). Die Autoren argumentieren auf Grundlage dieser Erkenntnisse, dass die Berücksichtigung von Bevölkerungsdichten nur bei Annäherung an den Punkt der höchsten Ausbreitung entscheidend ist. Die Anfangsstadien einer Epidemie lassen sich dieser Einschätzung nach unter Ausschluss lokaler Netze hinreichend beschreiben (Bonabeau et al. 1998, S. 2425).

Im Gegensatz dazu heben Smith et al. (2005) die Bedeutung lokaler Übertragungsdynamiken in der Entstehungsphase von Epidemien hervor. Demnach beeinflusst die Anfangsphase einer Epidemie sehr stark deren weiteren Verlauf. Eine Epidemie kann in bevölkerungsarmen Regionen schnell ins Stocken geraten, wenn die zur Verbreitung der Krankheit kritische Masse nicht erreicht wird. Ebenso können geographische Bedingungen wie Flussläufe oder Gebirgszüge den Verlauf von Epidemien entscheidend beeinflussen. Die Autoren analysieren Verbreitungseffekte über weite Distanzen, da die zuvor genannten Hindernisse häufig durch die Mobilität infizierter Individuen überschritten werden (Smith et al. 2005, S. 226). In diesem Zusammenhang haben Colizza et al. (2007) den Einfluss der Luftfahrt auf die Verbreitung von Grippeviren untersucht (Colizza et al. 2007, S. 96). Innerhalb kürzester Zeit kann der Virus durch den Flugverkehr weite Strecken zurücklegen. Jeder Luftfahrtknotenpunkt bildet dadurch ein Gebiet mit erhöhtem Infektionsrisiko (Colizza et al. 2007, S. 96f.).

Die bisher vorgestellten Ansätze beziehen sich auf die klassische Annahme eines einzigen infizierten Individuums, von dem aus sich eine Epidemie auf die gesamte Population ausbreitet. Eine Reihe von Epidemien beginnen nicht mit einem einzigen beobachteten Krankheitsfall, sondern mit mehreren. Ein epidemiologisches Modell zur Simulation eines solchen Krankheitsverlaufs muss mehrere Epizentren als Ausgangspunkt für Epidemien in Betracht ziehen (Filipe & Maule 2004, S. 129). Geht man von mehreren Epizentren gleichzeitig aus, so verliert auch die Annahme klar definierter epidemischer Fronten an Bedeutung. Die Bewegungsrichtungen der epidemischen Wellen überlagern sich, da nicht mehr von einer einheitlichen Schubrichtung ausgegangen werden kann (Filipe & Maule 2004, S. 126). Die Vorstellung von sich gegenseitig überlagernden epidemischen Wellen zeigt recht deutlich, wie eine erneute Infizierung genesener Individuen möglich wird. Die ursprüngliche Bewegungsrichtung wird durch weitere Bewegungsrichtungen ergänzt. Auf diese Weise werden auch Gebiete wieder erreicht, die bereits von

Aussagekraft klassischer epidemiologischer Modelle

der früheren epidemischen Welle betroffen waren (Filipe & Maule 2004, S. 128).
Die Bedeutung der Berücksichtigung lokaler Kontaktnetzwerke und lokaler Ausbreitungsdynamiken ist anhand dieser Beispiele deutlich geworden. Die meisten epidemiologischen Ansätze zur Modellierung von Netzwerken beziehen sich auf die zuvor beschriebenen Grundlagen. Im folgenden Kapitel werden die gängigen Netzwerkmodelle in der epidemiologischen Modellbildung sowie neuere Ansätze aus der Netzwerkforschung detaillierter vorgestellt.

6.1 Überblick zu den gängigen Netzwerkmodellen

In diesem Kapitel werden zunächst Netzwerkansätze klassischer epidemiologischer Studien vorgestellt. Im Anschluss daran werden Netzwerkmodelle der mathematischen Physik kurz charakterisiert. Diese Ansätze haben in jüngster Zeit einen enormen Zuspruch gefunden und werden auch im Rahmen zahlreicher sozialer Phänomene diskutiert.
In der Epidemiologie werden meist zwei Arten von Netzwerkmodellen, *Cellular Automata Modelle* und *Nachbarschaftsmodelle mit konstantem Radius*, zur Abbildungen von Populationsdynamiken eingesetzt. Abbildung 9 zeigt ein Schema dieser beiden Netzwerkansätze:

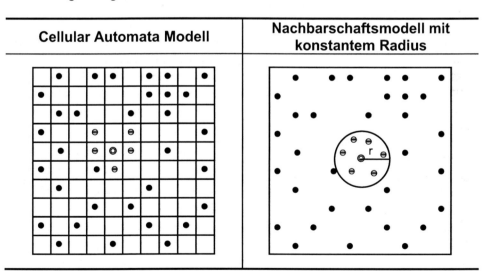

Abbildung 9: Klassische Nachbarschaftsnetzwerke in der Epidemiologie (Quelle: nach Czárán 1998, S. 8)

Cellular Automata Modelle zeichnen sich im Gegensatz zu Nachbarschaftsmodellen mit konstantem Radius dadurch aus, dass sie räumlich diskret sind. Nachbarschaftsmodelle mit konstantem Radius sind hingegen durch kontinuierliche räumliche Variablen charakterisiert. In Cellular Automata Modellen interagiert daher nur die räumliche Einheit, ein Quadrat, in Relation zu dessen benachbarten Quadraten (Czárán 1998, S. 7). Den mathematischen Hintergrund dieser Modelle bildet eine Reihe von Matrizen, welche die Zellen des Netzwerks darstellen. Auf diese Weise entsteht eine Netzwerkstruktur, mit deren Hilfe sich die Interaktionswahrscheinlichkeiten für jedes Individuum abbilden lassen (Kiszewski & Spielman 1994, S. 250). Die Matrizen fungieren als eine Art Regelsystem, das wiederholt auf das Netzwerk angewendet wird. Die zufällige Variation der Parameter ermöglicht es dadurch selbst komplexes Verhalten abzubilden (Doran & Laffan 2005, S. 136). Hierbei ist genau zu prüfen, welche Verteilungsannahmen für die untersuchten Phänomene zulässig sind und wie diese ggf. empirisch getestet werden können. Czárán kritisiert zudem, dass sich die Zustände der Zellen häufig von denen, der beobachteten Individuen unterscheiden. Streng genommen werden nicht die Interaktionen von Individuen, sondern vielmehr die, der definierten Zellen untersucht. Kern dieser Kritik ist, dass bei Cellular Automata Modellen eine Fläche und kein diskreter Punkt betrachtet wird. Untersucht man räumliche Einflüsse, so entspricht nicht jedes Individuum einer distinkten geographischen Position, sondern einem Gebiet. Dieses Gebiet, eine Zelle des Netzwerks, kann sich wiederum aus mehreren Individuen zusammensetzen (Czárán 1998, S. 8). Nachbarschaftsmodelle mit konstantem Radius beziehen sich hingegen ausschließlich auf Individuen, denen eine räumliche Position eindeutig zugewiesen werden kann. Dadurch lassen sich direkte Aussagen über die Distanzen zwischen den Individuen treffen (Czárán 1998, S. 9). Wie der Name bereits andeutet, befindet sich der untersuchte Haushalt im Zentrum eines definierten Kreises. Alle umgebenden Haushalte, die innerhalb oder direkt auf diesem Kreis liegen werden als Nachbarn bezeichnet. Eine gegenseitige Beeinflussung erfolgt nur zwischen benachbarten Haushalten. Haushalte, die diesen Radius übersteigen üben hingegen keinen Einfluss auf den beobachteten Haushalt aus (Czárán 1998, S. 219).

Watts und Strogatz (1998) entwickelten so genannte *Small-World Netzwerke* und untersuchten damit zunächst epidemiologische und dann vor allem soziale Phänomene. Im Kern vereinigt dieses Modell zwei Teileffekte, den Small-World Effekt (Vgl. Milgram 1967) und einen Clusterungseffekt. Der Small-World Effekt besagt, dass trotz der Größe von Populationen alle Menschen sehr eng miteinander vernetzt sind. Es sind nur wenige Vermittlungsschritte nötig, um eine Verbindung zwischen zwei beliebigen Personen herzustellen. „Jemand kennt jemanden anderes, der wiederum jemanden kennt,...". Auf diese Weise überschneiden sich die Beziehungsgeflechte zweier beliebiger Personen sehr schnell. Der Psychologe Milgram initiierte Kettenbrief-Experimente, in denen die Probanden gebeten wurden einen Brief an eine definierte Person zu senden. Kannten sie diese Person nicht, so sollte der Brief an einen Bekannten geschickt werden, von dem der Proband dachte, dass dieser die Zielperson gekannt haben könnte. Kannte auch der Bekannte des Probanden diese Person nicht, so sendete dieser wiederum den Brief weiter, usw. Die durchschnittliche Distanz der vollendeten Kettenbriefe betrug in diesen Experimenten sechs Zwischenschritte, was zu der bekannten Aussage geführt hat, dass jede Person jede andere Person über sechs Ecken kennt (Vgl. Milgram 1967; Vgl. Newman & Watts 1999, S. 7332; Vgl. Watts 2002; Vgl. Watts et al. 2002). Der Clusterungseffekt bezieht sich hingegen auf die Beobachtung, dass sich Freundschaftsnetzwerke sehr stark überlappen. Die Freunde unserer Freunde sind mit großer Wahrscheinlichkeit auch unsere Freunde (Vgl. Blanchard et al. 2003). Das Modell von Watts und Strogatz stellt zunächst ein regelmäßiges quadratisches Netzwerk dar, dass die Kontakte über eine Verknüpfungsregel klar zuweist. Anschließend werden die Kontakte mit einer bestimmten Wahrscheinlichkeit abgebrochen und neu vernetzt. Dabei entstehen zufällige Verbindungen zwischen weit entfernten Knotenpunkten des Netzwerks. Auf diese Weise werden entfernte Regionen früher erreicht, wodurch der Diffusionsprozess beschleunigt wird. Ist die Wahrscheinlichkeit für eine Neuverteilung der Knotenpunkte gleich Null, so ergibt sich ein regelmäßiges Netzwerk. Ist sie hingegen gleich Eins, entsteht ein zufälliges Netzwerk. Im Bereich dazwischen spricht man von einem Small-World Netzwerk (Newman & Watts 1999, S. 7332f.; Vgl. Watts und Strogatz 1998; Vgl. Newman et al. 2000; Vgl. Watts 2004, S. 244ff.). Abbildung 10 veranschaulicht diese Zusammenhänge:

 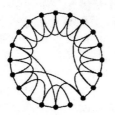 

Regelmäßiges Netzwerk   Small-World Netzwerk   Zufälliges Netzwerk

Abbildung 10: Verschiedene Netzwerkmodelle mit steigendem Grad an zufälligen Verknüpfungen (Quelle: Watts 2004, S. 245)

Eine weitere Bedingung für die Existenz von Small-World Netzwerken ist, dass sowohl die durchschnittliche als auch die maximale Anzahl an Kontakten, die ein Netzwerkknoten besitzt, sehr viel kleiner als die Populationsgröße ist. Dies trägt dem Umstand Rechnung, dass selbst sehr kontaktfreudige Personen Zeit- und Kostenrestriktionen unterworfen sind, die es ihnen lediglich ermöglichen einen geringen Anteil der gesamten Population zu kennen (Watts 1999, S. 495f.). Eine Anwendung der Prämissen von Small-World Netzwerken findet sich bei Kossinets & Watts (2006). Die Autoren untersuchten den E-Mail Verkehr zwischen Studenten einer amerikanischen Universität und fanden heraus, dass die Entwicklung und das Wachstum des Netzwerks zu großen Teilen von der Netzwerks- und Organisationsstruktur abhängen. Enge Kontaktbeziehungen werden durch die Gesamtzahl der Kontakte einer Person, die Kontaktintensität zwischen zwei Personen sowie der Teilnahme an den gleichen Kursen an der Universität bedingt (Kossinets & Watts 2006, S. 89).
Die nun folgenden Ansätze stammen, wie bereits angesprochen, aus der mathematischen Physik, in der sie klassischerweise für die Erklärung und Modellierung von Atomdynamiken angewendet werden. Im Rahmen dieser Arbeit ist vor allem deren Übertragbarkeit auf soziale Phänomene relevant, sodass ausschließlich Studien mit einem entsprechenden Schwerpunkt diskutiert werden.
In den vergangenen Jahren haben große Netzwerke, wie das Internet oder das Kontaktnetzwerk bei wissenschaftlichen Kooperationen, große Aufmerksamkeit aus unterschiedlichen Wissenschaftsdisziplinen erfahren. Barabási und Albert (1999) konnten in einer vergleichenden Studie

mehrerer realer Netzwerkstrukturen zeigen, dass die Kontaktzahlen innerhalb dieser Netzwerke dem Verlauf eines exponentiellen Zerfalls entsprechen. Eine geringe Anzahl an Personen besitzt sehr viele Kontakte, während sich für eine große Anzahl von Personen sehr geringe Kontaktzahlen ergeben. Die Autoren bezeichnen diese Art von Netzwerken als skalenfreie Netzwerke. Personen mit vielen Kontakten (*Hubs* oder *VIPs*) werden häufig mit Meinungsführern gleichgesetzt (Vgl. Kapitel 2 und Kapitel 5). Informationen verbreiten sich über diese Meinungsführer sehr schnell, sodass bereits zu einem frühen Zeitpunkt eine große Anzahl an potenziellen Käufern Kenntnis über eine Innovation erlangt (Vgl. Jager et al. 2008, S. 14). Der Annahme nach unterliegen Meinungsführer keinen Kapazitätsrestriktionen, sodass diese sehr viele Kontakte besitzen können. Im Extremfall genügt bereits ein Meinungsführer, um die Information im gesamten Netzwerk zu streuen. Ein weiteres Kennzeichen des Netzwerks von Barabási und Albert ist, dass dieses im Zeitverlauf wächst. Hierfür werden neue Netzwerkknoten hinzugefügt. Diese Knotenpunkte knüpfen mit hoher Wahrscheinlichkeit an diejenigen Knotenpunkte an, die bereits eine hohe Anzahl an Kontakten besitzen. Je mehr Kontakte ein Knotenpunkt aufweist, desto stärker wird dieser neue Kontakte anziehen. Die Autoren gehen davon aus, dass diese Netzwerkstruktur auf alle sozialen Netzwerke übertragbar ist (Vgl. Barabási und Albert 1999; Vgl. Watts 2004, S. 250ff.). Amaral et al. (2000) haben gezeigt, dass es auch skalenfreie Netzwerke gibt, bei denen die Zunahme der Kontaktzahl abrupt endet. Die Gründe hierfür sind zum einen die begrenzte Kapazität der Individuen neue Kontakte aufzunehmen und zum anderen der Tod oder die Inaktivität einer bisher sehr gut angebundenen Person (Vgl. Amaral et al. 2000). Diese Erweiterung ist im Hinblick auf Konsumentennetzwerke wahrscheinlich, da jeder Konsument nur eine begrenzte Anzahl an Kontakten pflegen kann und auch abrupte Änderungen im Kaufverhalten, so genanntes *Variety Seeking*, häufig zu beobachten sind (siehe Kapitel 7.5).

Eine weitere, ebenfalls aus der Physik stammende Forschungsrichtung stellen die so genannten *Percolation Modelle* dar. Die Grundidee ist, dass eine Netzwerkstruktur existiert, die aus Knotenpunkten, meist Agenten genannt, mit unterschiedlichen Zuständen besteht. Darüber hinaus werden bestimmte Gesetzmäßigkeiten definiert, die den Wechsel der Agenten zwischen den verschiedenen Zuständen regeln (Mikroebene). Die Auswirkungen dieser Zustände auf den Diffusionsprozess werden für jeden Zeitpunkt dokumentiert und abschließend beurteilt (Makroebene) (Vgl. Jager et al. 2008, S. 4f.). In Percolation Modellen wird davon ausgegangen, dass ein Produkt erfolgreich ist, wenn ein Konsumentencluster groß genug ist, um wenigstens einen Agenten in jeder Reihe und jeder Spalte eines zweidimensionalen quadratischen Netzwerkmodells zu erreichen (Hohnisch et al. 2008, S. 5; Vgl. Jager et al. 2008, S. 7). Anwendungen dieser Modelle auf die Verbreitung neu eingeführter Kinofilme finden sich bei Solomon et al. (2000) sowie Weisbuch und Stauffer (2000).

6.2 Herausforderungen bei der epidemiologischen Modellierung sozialer Prozesse

Klassische epidemiologische Modelle betrachten nur die Gesamtzahl der erkrankten Personen in der Nachbarschaft. Bei der Analyse sozialer Prozesse ist diese Annahme unwahrscheinlich, da neben der *Prävalenz* im klassischen epidemiologischen Sinne auch die *wahrgenommene Prävalenz* eine Rolle spielt (Blanchard et al. 2005, S. 5). Eine „Ansteckung" mit kaufentscheidungsrelevanten Informationen ist dadurch auch möglich, wenn eine Verhaltensweise in der direkten Nachbarschaft eines Individuums gar nicht auftritt, aber in der Gesellschaft praktiziert wird (Blanchard et al. 2005, S. 3). Diesem Sachverhalt wird bei der Modellierung des lokalen Effekts in Kapitel 7.3 sowie des gesellschaftlichen Effekts in Kapitel 7.4 Rechnung getragen. Die Prävalenz ist in epidemiologischen Studien definiert als Anzahl der erkrankten Personen im Verhältnis zu allen Personen, die ein Ansteckungsrisiko aufweisen. Die Prävalenz oder auch Prävalenzrate beschreibt den Anteil an Personen, die in einem bestimmten Zeitraum in einem definierten Gebiet an einer spezifischen Krankheit erkrankt sind (Böhning 1998, S. 26). Für die Ausbreitung von kaufentscheidungsrelevanten Informationen ist die Annahme einer hohen lokalen Vernetztheit als begünstigender Faktor entscheidend (Vgl. Blanchard et al. 2005, S. 6; Vgl. Smith et al. 2005, S. 226). In skalenfreien Netzwerken (siehe Kapitel 6.1) gibt es Individuen mit einer sehr hohen Kontaktquantität. Über diese können Verbreitungsprozesse sehr schnell stattfinden. Effiziente Interventionsmaßnahmen müssen sich daher an diesen kontaktfreudigen Individuen orientieren (Ahn 2008, S. 1). Jeder Mensch verfügt zudem über ein ausgeprägtes soziales und kulturelles Gedächtnis (Vgl. Assmann & Assmann 1994; Vgl. Assmann 1997), wodurch bei Verhaltensänderungen aus psychologischen Gründen eher von einer Art Kippverhalten auszugehen ist. Oberhalb einer personenspezifischen Anzahl an wahrgenommenen Adaptoren ist die Übertragungswahrscheinlichkeit hoch. Unterhalb dieses Schwellenwertes ist sie hingegen verhältnismäßig gering. Blanchard et al. (2005) berücksichtigen diesen Sachverhalt sowie die Existenz einer hohen lokalen Vernetztheit bei der Modellierung eines epidemiologischen Prozesses zur Ausbreitung von Korruption in einem skalenfreien Netzwerk (Blanchard et al. 2005, S. 6). Jedoch werden auch an dieser Stelle nur Annahmen bezüglich der Netzwerktopologie getroffen, ohne quantitative Anhaltspunkte zu liefern, die eine Ableitung dieser Annahmen aus klassischen Haushaltspaneldaten ermöglichen. In Kapitel 7.3 wird daher eine Vorgehensweise beschrieben, welche die Ableitung eines lokalen Netzwerkmodells auf der Grundlage geographischer Daten ermöglicht. Die erwähnten Kippeffekte haben zur Folge, dass es einer kritischen Masse an infizierten Personen bedarf, um eine Epidemie auszulösen. Die klassische Epidemiologie geht hingegen davon aus, dass ein einzelner Infizierter eine flächendeckende Infektion verursachen kann, wenn jede infizierte Person mehr als eine weitere Person ansteckt. Wird dieser *epidemische Schwellenwert* nicht erreicht, so wird die Epidemie auf natürliche Weise enden (Blanchard et al. 2005, S. 9; Vgl. Chowell 2007, S. 156). Der beschriebene Kippeffekt ist in sozialen Netzwerken allerdings sehr wahrscheinlich. Mit der zunehmenden Verbreitung einer Verhaltensweise oder einer Innovation steigt auch deren soziale Akzeptanz. Wird eine Verhaltensweise sehr stark wahrgenommen, so kann der Eindruck entstehen, dass dieses Verhalten in der Gesellschaft mehrheitlich praktiziert wird. Diese wahrgenommenen Mehrheitsverhältnisse und kollektiven Einschätzungen müssen sich nicht mit den realen Verhältnissen decken. Das *Thomas Theorem* beschreibt diese Diskrepanz zwischen der eigenen Wahrnehmung und der Realität und besagt, dass nicht die Realität, sondern die subjektive Wahrnehmung bestimmt wie Menschen handeln (Thomas & Thomas 1928, S. 572). Ein möglicher Grund für die Abweichung zwischen den realen und den wahrgenommenen Verhältnissen kann der *Third-Person-Effekt*, bei dem Massenmedien als wichtiger Einflussfaktor vermutet werden, sein. Davison prägte diesen Effekt, indem er die Beobachtung beschreibt, dass Menschen den Einfluss der Massenmedien auf Andere, so genannte Dritte, überschätzen und Wirkungen auf die eigene Person zurückweisen (Vgl. Davison 1983). Der Third-Person-Effekt besitzt neben der beschriebenen Wahrnehmungskomponente auch eine Verhaltenskomponente. Personen richten ihr Verhalten auf Grundlage der subjektiven Wahrnehmung dieser Mehrheitsverhältnisse aus, obwohl sich diese Wahrnehmung nicht mit der Realität decken muss (Huck & Brosius 2007, S. 356). Der Third-Person-Effekt kann durch eine solide Basis an empirischen Studien belegt werden und ist in Bezug auf Variationen der Erhebungssituation und –methodik sehr robust (Vgl. Huck & Brosius 2007). Massenmedien kommen auch bei der *Schweigespirale* nach Noelle-Neumann eine zentrale Rolle bei der Einschätzung von Mehr- und Minderheitsmeinungen sowie der Positionierung der eigenen Meinung in Abhängigkeit dieser Einschätzung zu (Vgl. Noelle-Neumann 1980). Bezug nehmend auf den Third-Person-Effekt führt eine Berichterstattung, die kontinuierlich gegen die eigene Meinung erfolgt dazu, dass man seine Meinung in der Minderheit sieht und es eher vermeidet, diese zu äußern (Effekt der Schweigespirale), da man davon ausgeht, dass sich die Anderen stark durch die Berichterstattung beeinflussen lassen (Third-Person-Effekt) und somit die Mehrheitsmeinung bilden. Menschen sind dadurch bereit mehrheitlich in der Gesellschaft auftretendes Handeln zu übernehmen oder zu akzeptieren, selbst wenn dies der eigenen Überzeugungen widerspricht. Dies ist um so eher der Fall, je geringer das mit der Entscheidung verbundene Risiko ist.

Empirischer Teil

7 Modellierung des Kaufentscheidungsprozesses

In diesem Kapitel werden Konzepte der drei vorgestellten Forschungstraditionen, Marketing- und Diffusionsforschung sowie Epidemiologie, aufgegriffen und in einem Modell zusammengeführt. In der Modellbildung unterscheidet man generell zwei Arten von Modellen, Aggregatsmodelle und Individualmodelle. Aggregatsmodelle zeichnen sich durch ein hohes Maß an Flexibilität aus und beschreiben Entwicklungen auf Marktebene. Individualmodelle basieren hingegen auf einzelnen Käufern und führen in der Regel zu besseren Anpassungen (Höfer 2008, S. 14). Ein Grund hierfür ist, dass das individuelle Reaktionsverhalten der Haushalte auf Änderungen der Einflussgrößen besser abgebildet werden kann, wenn die Modellkalibrierung auf Ebene des Haushalts stattfindet (Decker 1994, S. 72). Daher beschreibt das hier vorgestellte Modell Kaufverhalten auf Ebene einzelner Haushalte und aggregiert die Ergebnisse erst in einem nächsten Schritt. Nachfolgend werden die berücksichtigten Einflussgrößen dargestellt. Im Speziellen sind dies der *Preiseffekt*, der *lokale Effekt*, der *gesellschaftliche Effekt* und ein *Treueindex*, der die Loyalität der Konsumenten gegenüber einer Produktgruppe widerspiegelt. Preiseffekte und Produktloyalitäten sind Bestandteil vieler Marketing-Mix Modelle (Vgl. Kapitel 4). Der lokale Effekt umfasst das Kontaktnetzwerk benachbarter Haushalte und lässt sich dadurch den epidemiologischen und netzwerktheoretischen Ansätzen zuordnen (Vgl. Kapitel 6). Mit dem gesellschaftlichen Effekt wird ein allgemeiner Diffusionsprozess modelliert. Der Effekt wird umso größer, je mehr Haushalte bereits Käufer des Produkts sind. Diese Einflussgröße steht dadurch in der Tradition der Diffusionsforschung (Vgl. Kapitel 5). In den folgenden Kapiteln werden diese Einflussgrößen detailliert erläutert.
Die Einflüsse von *Werbung* und *Promotionmaßnahmen* werden in der Modellbildung nicht berücksichtigt, um dessen methodische Umsetzbarkeit zu gewährleisten. An dieser Stelle sei nur kurz auf den typischen Verlauf von Werbereaktionsfunktionen bei Produktneueinführungen verwiesen. Empirische Studien belegen, dass bei neu eingeführten Produkten zunächst ein starker Absatzanstieg zu beobachten ist, der sich im Zeitverlauf abschwächt. Der Grund hierfür wird in dem generell höheren

Werbedruck bei der Markteinführung sowie dem Einsetzen von Word-of-Mouth-Effekten gesehen (Little 1979, S. 635).

7.1 Einfluss des Preiseffekts

In der Ökonomie nimmt der Preis eine zentrale Stellung als entscheidender Parameter des Marketing-Mix und als Regulationsmechanismus von Märkten ein. Im Kaufentscheidungsprozess spiegelt sich im akzeptierten Preis die Nutzenbewertung des Konsumenten für ein Produkt wider (Erichson 2005, S. 1). Die maximale Zahlungsbereitschaft, auch *Prohibitivpreis* genannt, bildet einen Indikator für den Nutzen, den das Produkt dem betreffenden Haushalt stiftet (Erichson 2005, S. 5). In der Regel wird davon ausgegangen, dass der Preis den Kauf eines Produkts und die Markenwahl weitestgehend bestimmt (Erichson 2005, S .9). Diese Annahme ist konsistent mit der klassischen mikroökonomischen Konsumtheorie. Der Preis stellt aus Konsumentensicht ein Opfer in Form monetärer Werte dar, die erbracht werden müssen, um die Besitz- und Verfügungsrechte eines Wirtschaftsguts zu erlangen. Dem Preis kommt eine Allokationsfunktion zu, wobei durch das zu zahlende Entgelt das verfügbare Budget des Konsumenten geschmälert wird. Preise steuern dadurch die Aufteilung der Konsumentenbudgets auf die konkurrierenden Güter. Hier wird von der Prämisse vollkommener und transparenter Märkte sowie strikt rationalem Konsumentenverhalten ausgegangen. Dies bedeutet unter anderem, dass alle Konsumenten über vollständige Informationen und unbegrenzte Problemlösungskapazitäten verfügen. Als Konsequenz des nutzenmaximierenden Kalküls sinkt die Nachfrage eines Gutes mit steigendem Preis aufgrund der konsummindernden Wirkung stärkerer Budgetrestriktionen. Die Preisabsatzfunktion weist, gemäß der klassischen Preistheorie, eine negative Steigung auf (Varian 2007, S. 68ff.; Vgl. Landsburg 2005 S. 85ff.). Reales Kauf- und Entscheidungsverhalten folgt aber nur bedingt den Prämissen strikter Rationalität und unbeschränkter Problemlösungskapazitäten. Capon und Davis (1984) konnten in ihrer Untersuchung nachweisen, dass in Abhängigkeit individueller kognitiver Fähigkeiten unterschiedliche Vorgehensweisen bei der Informationssuche und -verarbeitung auftreten. Die große Angebotsvielfalt und -komplexität vieler Märkte führen aus Sicht der Konsumenten zu einer beschränkten Markttransparenz. Kenntnisse über Preise, Alternativen und Produktqualitäten sind zwischen Käufer und Verkäufer ungleich verteilt. Diese Informationsasymmetrien sind ein weiterer Grund für Abweichungen von der Prämisse vollkommener Märkte (Müller 2006 [2], S. 3).

Die verhaltenswissenschaftliche Preisforschung geht im Gegensatz zur klassischen Preistheorie davon aus, dass nicht die realen Marktpreise, sondern primär deren subjektive Wahrnehmung durch den Konsumenten für das Kaufverhalten entscheidend sind (Müller 2006 [1], S. 1). Preiskenntnis und -bewertung sind demnach informationsverarbeitende Prozesse, bei denen grundsätzlich alle eingehenden objektiven Informationen in subjektive Wahrnehmungen transformiert werden. Die subjektive Wahrnehmung wird dabei wiederum durch aktive und selektive Bewertungen der einströmenden Reize sowie deren Integration mit anderen Informationen gesteuert (Kaas & Hay 1984, S. 338). Die kognitive Speicherfähigkeit der Konsumenten ist begrenzt, sodass diese in der Regel subjektive Preiskategorien bilden. Gemäß der *Adaptionsniveautheorie* von Helson (1964) werden Adaptionsniveaus aus vergangenen Wahrnehmungen gebildet. Das zukünftige Verhalten orientiert sich an der subjektiv wahrgenommenen Abweichung von diesen Adaptionsniveaus. Referenzpreise werden auf der Grundlage historischer Kauferfahrungen im Bewusstsein des Konsumenten gespeichert und verhaltenswirksam. Ist der aktuelle Marktpreis höher als der erinnerte Referenzpreis, so sinkt die Kaufwahrscheinlichkeit und umgekehrt. In vergleichbarer Weise besagt die *Assimilations-Kontrast-Theorie*, dass sich die Beurteilung von Stimuli, hier dem Preis, anhand von Adaptionsniveaus vollzieht. Im Gegensatz zur Adaptionsniveautheorie gibt es hingegen kein einzelnes Adaptionsniveau, sondern vielmehr einen Assimilations- und Kontrastbereich. Übertragen auf Referenzpreise erfolgt die Akzeptanz des Preises, wenn dieser innerhalb oder knapp außerhalb des Assimilationsbereichs liegt. Bei starken Abweichungen erfolgt hingegen eine Kontrastierung, die zur Ablehnung des Preises führt. Im Fall einer Kontrastierung werden die Preise als unplausibel wahrgenommen. Es findet daher keine Anpassung der Referenzpreise statt. Preise außerhalb des Assimilationsbereichs führen dadurch zu einer geringeren Kaufwahrscheinlichkeit (Vgl. Sherif & Hovland 1961). Im Zusammenhang mit Preiswahrnehmungen zeigen sich meist ein mittleres Assimilationsniveau und Kontrastbereiche ober- und unterhalb dieses Niveaus. Im unteren Kontrastbereich werden Preise als zu billig und damit verbunden, das Produkt als qualitativ minderwertig eingeschätzt. Werte im oberen Kontrastbereich werden hingegen als zu teuer wahrgenommen (Müller 2006 [1], S. 3). Die objektiven Marktpreise werden in individuel-

Modellierung des Kaufentscheidungsprozesses

len Kodierungsprozessen unter Orientierung an Referenzpreisen in subjektiv wahrgenommene Adaptionsniveaus transformiert und anschließend bewertet (Müller 2006 [2], S. 1). Ähnlich wie die Adaptionsniveautheorie und die Assimilations-Kontrasttheorie lässt sich die Existenz solcher Referenzpreise auch anhand der *Prospect-Theorie* erklären. Hierbei sind die empfundenen Werte einer Transaktion aus Konsumentensicht entscheidend. Ist der erinnerte Referenzpreis größer als der aktuell wahrgenommene Preis, so wird aus Sicht des Konsumenten ein Gewinn aus der Transaktion realisiert. Ist der Referenzpreis jedoch kleiner als der aktuelle Preis, so empfindet der Konsument einen Verlust. Gemäß der Prospect-Theorie ergibt sich bei Darstellung des Sachverhaltes in einem Diagramm ein s-förmiger Verlauf der Nutzenfunktion des Konsumenten. Käufer reagieren stärker auf Überschreitungen des Referenzpreises als auf Unterschreitungen, da Verluste stärker bewertet werden als Gewinne (Vgl. Kahnemann & Tversky 1979).

Um der großen Anzahl möglicher Preisreaktionen und der Breite an theoretischen Anknüpfungspunkten Rechnung zu tragen, werden im Folgenden mehrere Varianten eines Preiseffekts abgeleitet und im empirischen Teil der Arbeit statistisch überprüft. Mit Bezug auf die vorgestellten Theorien und Konzepte werden in den nächsten Absätzen zunächst einige Annahmen getroffen, die für die Ableitung des Preiseffekts gelten.

Generell wird davon ausgegangen, dass ein Haushalt i die Produktgruppe j nur dann mit hoher Wahrscheinlichkeit kauft, wenn der Nutzen der Produktgruppe j größer oder gleich dem Preis der Produktgruppe j ist (Vgl. Erichson 2005, S. 9). Formal ausgedrückt ergibt sich folgender Zusammenhang:

Formel 1: Preis-Nutzenbewertung aus Sicht eines Haushalts

$$u_{ij} \geq p_j$$

u_{ij} = Nutzen der Produktgruppe j für den Haushalt i
p_j = Preis der Produktgruppe j

Der maximale Nutzen u_max_{ij}, den eine Produktgruppe j dem Haushalt i stiftet, ist im Datensatz nicht direkt erfasst. Von der zuvor getroffenen

Annahme kann aber auf den Nutzen der Produktgruppe geschlossen werden. Der höchste Preis p_max_{ij}, den ein Haushalt i für ein Produkt der Produktgruppe j bezahlt, ist ein Indiz für den maximalen Nutzen u_max_{ij}, den die Produktgruppe dem Haushalt erbringt (Erichson 2005, S. 29). Aus mikroökonomischer Sicht entspricht dies dem Prohibitivpreis, demjenigen Preis, bei dem der Haushalt gerade noch kauft oder zwischen Kauf und Nicht-Kauf indifferent ist. Der durch das Produkt gestiftete Nutzen u_max_{ij} wird exakt durch das zu zahlende Entgelt p_max_{ij} aufgewogen (Müller 2006 [2], S. 3). Problematisch ist hingegen, dass die exakten monetären Nutzenwerte nicht zur Verfügung stehen. In ergänzenden Untersuchungen, in Preisexperimenten oder durch Preissensitivitätsmessungen müsste die maximale Preisbereitschaft der Konsumenten gegenüber der zu untersuchenden Produktgruppe erhoben werden (Müller 2007, S. 4ff.; Vgl. Müller 2006 [1], S. 5ff.; Vgl. Erichson 2005, S. 1ff.). Diese Verfahren sind sehr zeitintensiv und aufwendig und für eine derart große Stichprobe nicht geeignet. Dennoch ist es denkbar, dass ein Haushalt bereit wäre mehr als den maximal beobachteten Marktpreis für ein Produkt zu zahlen. Der Produktnutzen würde dann unterschätzt werden. Zudem wird der monetär bewertete Produktnutzen nur anhand des höchst bezahlten Preises für das Produkt geschätzt. Andere Nutzenkomponenten bleiben unberücksichtigt.

Des Weiteren wird davon ausgegangen, dass sich die Beurteilung des Produktnutzens im Zeitverlauf nicht ändert. Es ist aber davon auszugehen, dass sich Konsumenten an Preisveränderungen gewöhnen und auf deren Grundlage ihre Preiserwartung aktualisieren (siehe Kapitel 7.2).

Eine weitere Annahme bezieht sich auf die mikroökonomische Konsumtheorie, wonach ein Haushalt stets bereit ist ein Produkt zu einem niedrigeren Preis als seinem individuellen Maximalpreis p_max_{ij} zu kaufen. Empirisch häufig nachgewiesene Abhängigkeiten zwischen dem bezahlten Preis und der wahrgenommenen Qualität finden keine Beachtung. In bestimmten Situationen neigen Konsumenten dazu vom Preis eines Produkts auf dessen Qualität zu schließen. Dies trifft auf Situationen zu, in denen der Preis die einzige Informationsquelle des Konsumenten darstellt. Die Qualität des Produkts kann dann nicht objektiv einschätzt werden. Bei Produktinnovationen ist dies meist der Fall. Konsumenten können dann weder auf eigene Erfahrung in der Produktverwendung, noch auf Erfahrungen Dritter zurückgreifen (Müller 2006 [2], S. 1; Vgl. Lilien et al. 1992, S. 202f.; Vgl. Akçura et al. 2004, S. 164). Im Allgemeinen unterscheidet man zwei Güterkategorien, *Erfahrungs- und Vertrauensgü-*

Modellierung des Kaufentscheidungsprozesses

ter. Ein Erfahrungsgut liegt vor, wenn Konsumenten erst durch den Konsum des Produkts dessen Qualität beurteilen können. Insbesondere bei Medienprodukten ist dies häufig der Fall. Ob ein Kinofilm unterhaltsam oder ein Buch spannend ist, lässt sich erst nach dessen Rezeption (subjektiv) feststellen. Kann die Qualität des Gutes selbst nach dem Konsum nicht beurteilt werden, so spricht man von einem Vertrauensgut. Konsumenten sind in diesen Fällen auf Erfahrungen Dritter bzw. die Aussagen der Verkäufer oder Produzenten angewiesen und müssen diesen vertrauen (Vgl. Trommsdorff 2002, S. 302ff.). In der vorliegenden Studie wird davon ausgegangen, dass dem Preis nur eine Allokations- aber keine Informationsfunktion zukommt.

Auf Grundlage dieser Annahmen kann der Einfluss des aktuellen Produktgruppenpreises auf die Kaufwahrscheinlichkeit berücksichtigt werden. Der Parameter y_{ij} beschreibt die Kaufpräferenz des Haushalts i für die Produktgruppe j. Jeder Haushalt zieht bei seiner Kaufentscheidung eine Menge von Produktgruppen in Betracht. Diese Produktgruppen werden auch als *Relevant Set*[7] bezeichnet. Die Kaufpräferenz y_{ij} ergibt sich aus der Differenz des Nutzens u_max_{ij} und dem aktuellen Durchschnittspreis[8] $\bar{p}_{jt}$ für diese Produktgruppen:

Formel 2: Die Kaufpräferenz eines Haushalts für eine bestimmte Produktgruppe

$$y_{ij} = u\_max_{ij} - \bar{p}_{jt}$$

y_{ij} = Kaufpräferenz des Haushalts i für die Produktgruppe j
u_max_{ij} = maximaler monetär bewerteter Nutzen, den die Produktgruppe j dem Haushalt i stiftet

---

[7] Nach Erichson (2005, S. 25) wird die Summe aller Marken als „Marken-Set" bezeichnet. Die Anzahl aller Produkte, die ein Konsument zu kaufen in Erwägung zieht ist der so genannte „Relevant-Set". Die Anzahl der Produkte, die der Konsument wirklich kauft ist das „Choice-Set". Im Rahmen der vorliegenden Arbeit umfasst das Relevant Set alle Produktgruppen, die der Haushalt im gesamten Untersuchungszeitraum mindestens ein Mal kauft.
[8] Im Rahmen dieser Arbeit werden nicht einzelne Marken, sondern Produktgruppen miteinander verglichen. Aus diesem Grund wird mit dem Durchschnittspreis über alle Marken der entsprechenden Produktgruppe gerechnet (siehe Formel 4).

Modellierung des Kaufentscheidungsprozesses

$\bar{p}_{jt}$ = Durchschnittspreis der Produktgruppe j zum Zeitpunkt t in €-Cent pro ml

Formel 3: Berechnung des Preiseffekts auf Grundlage der Kaufpräferenzen der konkurrierenden Produktgruppen

$$X\_Preis_{ij} = \frac{y_{ij}}{|\sum_{1}^{J} y_i|} ; \text{ mit den Produktgruppen j=1,..., J}$$

X_Preis_{ij} = Einfluss des Preiseffekts auf die Kaufwahrscheinlichkeit

Die Wahl einer Produktgruppe hängt von den Präferenzwerten y_{ij} aller Alternativen im Relevant Set des Haushalts i ab (Erichson 2005, S. 13f.; Vgl. Decker 1994, S. 91f.; Vgl. Herrmann 1992, S. 117ff.). Der Durchschnittspreis einer Produktgruppe $\bar{p}_{jt}$ wird folgendermaßen berechnet:

Formel 4: Berechnung des Durchschnittspreises[9]

$$\bar{p}_{jt} = \frac{\sum (m_{jt} \cdot p_{jt})}{\sum m_{jt}}$$

m_{jt} = gekaufte Menge aller Marken der Produktgruppe j zum Zeitpunkt t in ml

---

[9] Eine Gewichtung der Durchschnittspreise anhand der gekauften Mengen, wie sie häufig bei der Berechnung von Preisindizes vorgenommen wird, ist für die Modellbildung im Rahmen dieser Arbeit nicht geeignet (Vgl. Müller 2006 [1] S. 20; Vgl. Klenger & Krautter 1972 [1], S. 84; Vgl. Bleymüller et al. 2000, S. 181ff.). Zwar kann über die Gewichtung der relativen Bedeutung der unterschiedlichen Produktgruppen Rechnung getragen werden, jedoch korreliert diese Gewichtung stark mit dem Marktanteil der jeweiligen Produktgruppe. Der Absatz und der Marktanteil sind die abhängigen Variablen von Kaufentscheidungsmodellen, sodass diese nicht impliziter Bestandteil der erklärenden Variablen sein dürfen.

Modellierung des Kaufentscheidungsprozesses

p_{jt} = Preis aller Marken der Produktgruppe j zum Zeitpunkt t in €-Cent pro ml

$\overline{p}_{jt}$ = Durchschnittspreis der Produktgruppe j in €-Cent pro ml

Der beschriebene Preiseffekt kann auch Werte kleiner als minus Eins und größer als plus Eins annehmen, daher wird folgende Normierungsvorschrift angewendet (Vgl. Hohnisch et al. 2008, S. 7):

Formel 5: Vorschrift zur Normierung des Preiseffektes

Wenn $-1 \geq X\_Preis_{ij} \leq 1$, dann $X\_Preis_{ij} = X\_Preis_{ij}$.

Wenn $X\_Preis_{ij} > 1$, dann $X\_Preis_{ij} = 1$.

Wenn $X\_Preis_{ij} < -1$, dann $X\_Preis_{ij} = -1$.

Ein Wert von Eins für X_Preis_{ij} gibt demnach die größte Kaufpräferenz für die Produktgruppe j an, während ein Wert von $X\_Preis_{ij} = -1$ die geringste Kaufpräferenz darstellt.

7.2 Alternative Berechnung des Preiseffekts

Der in Kapitel 7.1 beschriebene Preiseffekt beruht auf der Annahme konstant bleibender Nutzenbewertungen in Form eines langfristigen maximalen Produktnutzens. Wie eingangs diskutiert, gibt es eine Vielzahl an theoretischen Konzepten, die von einer kontinuierlichen Aktualisierung dieser Nutzenwahrnehmung ausgehen. Der Preiseffekt umfasst ebenfalls Konkurrenzbeziehungen zwischen den verschiedenen Produktgruppen. Es besteht aber auch die Möglichkeit, dass es sich bei den vorliegenden Produktgruppen nicht um substitutive Wahlentscheidungen handelt. In diesem Fall führt die Annahme, dass Veränderungen im relativen Preisgefüge zwischen der neu eingeführten Produktgruppe und den anderen Produktgruppen für die Kaufentscheidung relevant sind zu falschen Ergebnissen. Im Folgenden werden zwei alternative Berechnungsvorschriften für den Preiseffekt abgeleitet und im empirischen Teil der Arbeit verglichen (siehe Kapitel 9.1). In beiden Fällen wird davon ausgegangen, dass sich Konsumenten bei ihrer Kaufentscheidung am

Modellierung des Kaufentscheidungsprozesses

bisherigen Preisniveau für die entsprechende Produktgruppe orientieren. Hierbei spielen die Zeitintervalle, in denen ein Kunde seine Preiswahrnehmung aktualisiert eine Rolle.
Im ersten Fall wird, wie bereits zuvor, davon ausgegangen, dass die Haushalte eine maximale monetäre Nutzenbewertung für eine Produktgruppe besitzen und diese im Zeitverlauf konstant bleibt. Diese maximale Zahlungsbereitschaft spiegelt den maximalen Nutzen wider, den eine Produktgruppe aus Sicht des Haushalts stiftet. Folglich wird immer dann mit hoher Wahrscheinlichkeit gekauft, wenn der aktuelle gewichtete Durchschnittspreis kleiner oder gleich dem maximalen Nutzen ist. Darüber hinaus wird davon ausgegangen, dass die Kaufentscheidung für ein Produkt der neu eingeführten Produktgruppe vom Preisniveau der anderen Produktgruppen unabhängig ist. Die Berechnung des Preiseffektes beruht demnach nur auf dem Preisniveau der neu eingeführten Produktgruppe. Konkurrenzbeziehungen finden keine Beachtung mehr. Formal ergibt sich der folgende Sachverhalt (siehe Formel 6):

Formel 6: Preiseffekt ohne Berücksichtigung konkurrierender Produktgruppen

$$X\_Preis_{ij} = u\_max_{ij} - \overline{p}_{jt}$$

X_Preis_{ij} = Einfluss des Preiseffekts ohne Berücksichtigung konkurrierender Produktgruppen
u_max_{ij} = maximaler monetär bewerteter Nutzen, den die Produktgruppe j dem Haushalt i stiftet in €-Cent pro ml
$\overline{p}_{jt}$ = Durchschnittspreis der Produktgruppe j zum Zeitpunkt t in €-Cent pro ml

Wie bereits eingangs erläutert, sind Konsumenten in der Lage Veränderungen zwischen dem Referenzpreis und dem aktuellen Marktpreis wahrzunehmen und ihr Verhalten an das neue Preisniveau anzupassen. Daher folgt das subjektive Preisempfinden dem Verlauf der objektiven Marktpreise mit einer gewissen zeitlichen Verzögerung. In einer weiteren Preisvariante wird getestet, ob das Wahlverhalten für die neu eingeführte Produktgruppe besser über diese kurzfristigen Referenzpreise abgebildet werden kann. Müller (2006 [1]) konnte diese Dynamik der Refe-

Modellierung des Kaufentscheidungsprozesses

renzpreise anhand einer experimentellen Längsschnittsanalyse des deutschen Zigarettenmarkts nachweisen. Man geht davon aus, dass Haushalte in der Lage sind die Preise beim letzten Kaufakt zu erinnern und als Referenzpunkte für die aktuelle Kaufentscheidung anzuwenden. Des Weiteren wird angenommen, dass diese Preise dem Haushalt auch bekannt sind, wenn beim letzten Kaufakt nicht die neu eingeführte Produktgruppe gewählt wurde. Formal ergibt sich folgende Berechnungsvorschrift (siehe Formel 7):

Formel 7: Preiseffekt unter Berücksichtigung kurzfristiger Referenzpreise

$$X\_Preis_j = \overline{p}_{jt-1} - \overline{p}_{jt}$$

X_Preis_j = Einfluss des Preiseffekts unter Berücksichtigung kurzfristiger Referenzpreise

$\overline{p}_{jt-1}$ = Durchschnittspreis der Produktgruppe j zum Zeitpunkt t-1 in €-Cent pro ml

$\overline{p}_{jt}$ = Durchschnittspreis der Produktgruppe j zum Zeitpunkt t in €-Cent pro ml

7.3 Einfluss des lokalen Umfelds eines Haushalts

Die Modellierung von Word-of-Mouth-Effekten und Netzwerkprämissen auf Grundlage empirischer Daten sowie deren statistische Auswertung stellen Herausforderungen dar, denen sich bisher nur wenige Ansätze gewidmet haben. Durch die explizite Berücksichtigung dieser Konzepte werden Möglichkeiten aufgezeigt und geprüft, um das bestehende Defizit in diesem Bereich zu beheben.

In den meisten Netzwerkstudien wird angenommen, dass die Stärke des lokalen Einflusses von der Anzahl der Personen, die im Umfeld des Haushaltes bereits die Produktgruppe kaufen, abhängt. Ein Haushalt kommt nur dann mit der Produktgruppe in Berührung, wenn ein benachbarter Haushalt ein Produkt der entsprechenden Produktgruppe gekauft hat. Word-of-Mouth-Effekte folgen derselben Grunddynamik wie Netzwerkexternalitäten. Je mehr Mitglieder ein lokales Netzwerk besitzt,

Modellierung des Kaufentscheidungsprozesses

desto höher ist die Wahrscheinlichkeit, dass ein Haushalt mit der neu eingeführten Produktgruppe in Kontakt kommt. Im Gegensatz zu Netzwerkexternalitäten steigt der Nutzen oder die Kaufwahrscheinlichkeit nicht zwingend mit der Zahl der Netzwerkmitglieder, sondern hängt von der Verbreitungsdichte der Produktgruppe innerhalb des Netzwerks ab. Mit steigender Verbreitungsdichte nehmen sowohl die soziale Akzeptanz als auch der Assimilationsdruck zu. Je höher die soziale Anerkennung einer Produktgruppe ist, desto größer ist auch der Nutzen, den der Kauf der Produktgruppe stiftet, wodurch wiederum die Kaufwahrscheinlichkeit steigt. (Lilien et al. 1992, S. 194ff.; Vgl. Delre et al. 2006; Vgl. Jager et al. 2008; Vgl. Hohnisch et al. 2008, S. 6). Eine einfache Umsetzung dieses Prinzips wird in Formel 8 dargestellt (Jager 2007, S. 870; Vgl. Blanchard et al 2005; Vgl. Delre et al. 2006):

Formel 8: Berechnung des Nutzens einer Produktgruppe in Abhängigkeit der sozialen Akzeptanz

$$U_{ij} = \frac{B_{ij}}{B_i}$$

U_{ij} = Nutzen der Produktgruppe j für Haushalt i

B_{ij} = Anzahl der benachbarten Haushalte des Haushalts i, die das Produkt j konsumieren

B_i = Anzahl aller benachbarten Haushalte des Haushalts i

Folgt man der Argumentation von Jager (2007), so gibt dieser Parameter den Nutzen an, den die Diffusion einer Produktgruppe in der Umgebung eines Haushalts für diesen stiftet. Bei näherer Betrachtung der Formel 8 ist die Ähnlichkeit zu einer epidemiologischen Kerngröße, der Prävalenz, augenscheinlich. Die Prävalenz, oder auch der Krankheitsbestand, gibt die Häufigkeit einer bestimmten Krankheit zu einem definierten Zeitpunkt an. Berechnet wird die Prävalenz, indem die Anzahl der erkrankten Personen zu einem Stichtag durch die Zahl der Personen unter Risiko zu diesem Stichtag geteilt wird (Ulm 1997, S. 264). Übertragen auf die vorliegende Arbeit lässt sich der oben beschriebene Einfluss auch als eine Art Prävalenz, welche die Kaufhäufigkeit innerhalb eines Nachbarschaftsnetzwerkes angibt, interpretieren. Neben der Ausbreitung von Produktinformationen in der lokalen Umgebung eines Haushalts, ist zudem mit einem gesamtgesellschaftlichen Diffusionsprozess zu rechnen (Vgl. Blanchard et al 2005, S. 7). Dieser gesamtgesellschaftliche Effekt wird in Kapitel 7.4 beschrieben.

Neben der reinen Verbreitung des Produkts in der Umgebung des Haushalts ist auch die räumliche Entfernung zwischen dem beobachteten Haushalt und dessen nächsten Nachbarn von Bedeutung. Im Sinne klassischer epidemiologischer Studien ist davon auszugehen, dass die Beeinflussungsstärke mit steigender Distanz zwischen den Haushalten abnimmt (Smith et al. 2005, S. 228ff.; Vgl. Watts et al. 2005, S. 11157). Diesem Sachverhalt wird dadurch Rechnung getragen, dass die Verbreitung des Produkts anhand der *euklidischen Distanz* $D_{ij_{t-1}}$ zwischen dem Haushalt i und denjenigen benachbarten Haushalten, die ein Produkt der Produktgruppe j in der Vorperiode t-1 gekauft haben, gewichtet werden (siehe Formel 11 & Formel 12). Ein vergleichbares Vorgehen wird bei der Untersuchung der Verbreitung von Computerviren in lokalen Netzwerken (LAN & W-LAN) angewandt (Nekovee 2007, S.1ff.). Im Folgenden wird eine Berechnungsvorschrift, die ergänzend zu der oben genannten Käuferdichte innerhalb des lokalen Netzwerks auch eine Gewichtung mit der euklidischen Distanz umfasst, vorgestellt. Dabei werden im empirischen Teil der Arbeit mehrere Modellvarianten getestet, um die optimale Konfiguration der Parameter bestimmen zu können (siehe Kapitel 9.1).

Tabelle 1 gibt einen kurzen Überblick zu den Varianten des lokalen Effekts:

Modellierung des Kaufentscheidungsprozesses

Tabelle 1: Überblick zu den Varianten des lokalen Effekts

	Kurzbeschreibung	Varianten
Lokaler Effekt ohne räumliche Gewichtung	Quotient aus der Anzahl aller benachbarten Haushalte, die ein Produkt der neu eingeführten Produktgruppe in der Vorperiode gekauft haben und der Summe aller benachbarten Haushalte	
Relativer räumlicher Gewichtungsfaktor	Beurteilung des räumlichen Einflusses im Vergleich zur durchschnittlichen Distanz innerhalb des lokalen Netzes des entsprechenden Haushalts	• linear normiert • logarithmisch normiert
Absoluter räumlicher Gewichtungsfaktor	Berücksichtigung des räumlichen Einflusses als Quotient der Distanz zu allen benachbarten Haushalten und denjenigen benachbarten Haushalte, die ein Produkt der neu eingeführten Produktgruppe in der Vorperiode gekauft haben	• linear normiert • logarithmisch normiert
Lokaler Effekt mit relativer räumlicher Gewichtung	Lokaler Effekt ohne räumliche Gewichtung multipliziert mit dem relativen räumlichen Gewichtungsfaktor	• linear normiert • logarithmisch normiert
Lokaler Effekt mit absoluter räumlicher Gewichtung	Lokaler Effekt ohne räumliche Gewichtung multipliziert mit dem absoluten räumlichen Gewichtungsfaktor	• linear normiert • logarithmisch normiert

Der räumliche Gewichtungsfaktor weist eine hohe Varianz auf. Um das Kriterium der Homogenität der Varianzen besser erfüllen zu können, wird die Normierung dieses Faktors erforderlich. Inhaltlich lassen sich zwei Normierungsvorschriften unterscheiden. Eine lineare Normierung variiert alle Distanzen um den gleichen Faktor, um einen Wertebereich zwischen Null und Eins herzustellen. Es handelt sich dann um konstante Grenzdistanzen, d. h. im gesamten Wertespektrum wirkt sich eine Distanzänderung in gleicher Höhe gleich stark auf die Änderung der Kaufwahrscheinlichkeit aus. Mathematisch wird dies umgesetzt, indem alle Einzelgewichte durch den Wert des größten Einzelgewichts geteilt werden. In der Ökonomie wird jedoch häufig von sinkenden Grenzwerten ausgegangen (Vgl. Varian 2007). Für die vorliegende Problemstellung bedeutet dies, dass sehr große Distanzunterschiede schwächer gewichtet werden als kleine. Bei sehr großen oder sehr kleinen Distanzen tritt eine geringe relative Veränderung der Beeinflussungsstärke auf. Die Beeinflussungsstärke zwischen Haushalten, die direkt nebeneinander liegen unterscheidet sich daher nicht wesentlich. Die Beeinflussungsstärke sinkt dann mit steigender Distanz schnell, wobei die relative Änderung der Beeinflussungsstärke mit steigender Distanz abnimmt. Es zeigt sich ein s-förmiger Verlauf des räumlichen Gewichtungsfaktors. Mathematisch wird dies durch eine logistische Datentransformation erreicht (siehe Formel 9):

Formel 9: Logistische Transformation des räumlichen Gewichtungsfaktors

$$\tilde{X}\_räum\_Gew = \frac{a}{b + e^{(c \cdot X\_räum\_Gew)}}$$

$\tilde{X}\_räum\_Gew$ = logistisch transformierter räumlicher Gewichtungsfaktor
$X\_räum\_Gew$ = nicht transformierter räumlicher Gewichtungsfaktor
a = 1
b = 1
c = -0,125 für den relativen bzw. -0,0075 für den absoluten räumlichen Gewichtungsfaktor

Die Parameter der logistischen Funktion werden so gewählt, dass das gesamte Datenspektrum auf einen Bereich zwischen 0,5 und 1 normiert wird und jedem Wert eine distinkte Zahl zugewiesen werden kann. Die Grenze von 1 soll möglichst nicht oder nur von einem Wert erreicht werden. Die Untergrenze von 0,5 bilden die nicht transformierten Daten, die einen Wert von Null besitzen. Bei der beschriebenen Vorgehensweise ergeben sich für den relativen (c=-0,125) und absoluten (c=-0,0075) räumlichen Gewichtungsfaktor unterschiedliche Werte für den Parameter c, die Werte für a und b betragen jeweils Eins.

Aus Gründen der besseren Übersichtlichkeit werden nur die Formeln der lokalen Effekte mit relativer und absoluter räumlicher Gewichtung vorgestellt. Wie in Tabelle 1 ersichtlich, berechnet sich der relative räumliche

Modellierung des Kaufentscheidungsprozesses

Gewichtungsfaktor aus der Gesamtdistanz zu allen Nachbarn des Haushalts dividiert durch die Anzahl aller benachbarten Haushalte. Dieser Quotient wird mit der Anzahl der benachbarten Haushalte, die das Produkt in der Vorperiode gekauft haben, multipliziert. Inhaltlich beschreibt dies die durchschnittliche Distanz zwischen dem beobachteten Haushalt und einem benachbarten Haushalt. Die Multiplikation mit der Anzahl kaufender Haushalte ist erforderlich, um die Distanzen in einem folgenden Schritt vergleichen zu können. Dieses Zwischenergebnis wird anschließend durch die Distanz zu den benachbarten Haushalten, die das entsprechende Produkt in der Vorperiode gekauft haben, geteilt. Dieser Gewichtungsfaktor drückt aus, wie sehr die Distanz der kaufenden benachbarten Haushalte von der durchschnittlichen Distanz aller benachbarten Haushalte innerhalb des lokalen Netzwerks abweicht. Ist die Distanz der kaufenden Haushalte größer als die durchschnittliche Distanz, so ist die Beeinflussungsstärke unterdurchschnittlich (Wert<1) und umgekehrt. Formal ausgedrückt ergibt sich für den lokalen Effekt mit relativer räumlicher Gewichtung folgender Zusammenhang (siehe Formel 10):

Formel 10: Berechnung des lokalen Effekts mit relativer räumlicher Gewichtung

$$X\_lokal_{ij_{t-1}} = \frac{B_{ij_{t-1}}}{B_i} \cdot \frac{\frac{D_{B_i}}{B_i} \cdot B_{ij_{t-1}}}{D_{B_{ij_{t-1}}}} = \frac{D_{B_i} \cdot B_{ij_{t-1}}^2}{D_{B_{ij_{t-1}}} \cdot B_i^2}$$

$X\_lokal_{ij_{t-1}}$ = Einfluss des lokalen Effekts auf die Kaufwahrscheinlichkeit

$B_{ij_{t-1}}$ = Anzahl der benachbarten Haushalte des Haushalts i, welche das Produkt j in der Vorperiode t-1 konsumiert haben

B_i = Anzahl aller benachbarten Haushalte des Haushalts i

$D_{B_{ij_{t-1}}}$ = Distanz zwischen dem Haushalt i und dessen benachbarten Haushalten, welche das Produkt j in der Vorperiode t-1 gekauft haben

Modellierung des Kaufentscheidungsprozesses

D_{B_i} = Distanz zwischen dem Haushalt i und dessen benachbarten Haushalten

$x_{ij_{t-1}}$ = X-Koordinaten eines kartesischen Koordinatensystems, welche die Lage derjenigen benachbarten Haushalte des Haushaltes i angeben, die ein Produkt der Produktgruppe j in der Vorperiode t-1 gekauft haben

x_i = X-Koordinaten eines kartesischen Koordinatensystems, welche die Lage der benachbarten Haushalte des Haushaltes i angeben

x = X-Koordinate eines kartesischen Koordinatensystems, welche die Lage des Haushaltes i angibt

$y_{ij_{t-1}}$ = Y-Koordinaten eines kartesischen Koordinatensystems, welche die Lage derjenigen benachbarten Haushalte des Haushaltes i angeben die ein Produkt der Produktgruppe j in der Vorperiode t-1 gekauft haben

y_i = Y-Koordinaten eines kartesischen Koordinatensystems, welche die Lage der benachbarten Haushalte des Haushaltes i angeben

y = Y-Koordinate eines kartesischen Koordinatensystems, welche die Lage des Haushaltes i angibt

Formel 11: Euklidische Distanz zwischen dem beobachteten Haushalt und dessen benachbarten Haushalten, die ein Produkt der Produktgruppe j in der Vorperiode t-1 gekauft haben (Symbolnomenklatur siehe Formel 10)

$$D_{B_{ij_{t-1}}} = \sum_{1}^{B_{ij_{t-1}}} \sqrt{\left((x_{ij_{t-1}} - x)^2 + (y_{ij_{t-1}} - y)^2\right)}$$

Formel 12: Euklidische Distanz zwischen dem beobachteten Haushalt und dessen benachbarten Haushalten (Symbolnomenklatur siehe Formel 10)

$$D_{B_i} = \sum_{1}^{B_i} \sqrt{\left((x_i - x)^2 + (y_i - y)^2\right)}$$

Modellierung des Kaufentscheidungsprozesses

Formel 13: Berechnung des lokalen Effekts mit absoluter räumlicher Gewichtung (Symbolnomenklatur siehe Formel 10)

$$X\_lokal_{ij_{t-1}} = \frac{B_{ij_{t-1}}}{B_i} \cdot \frac{D_{B_i}}{D_{B_{ij_{t-1}}}}$$

Der einzige Unterschied zwischen Formel 10 und Formel 13 ist, dass die Distanz zwischen einem Haushalt i und dessen benachbarten Haushalten nicht anhand der durchschnittlichen, sondern der absoluten Distanz beurteilt wird.

Unabhängig von der Art der räumlichen Gewichtung ist hingegen eine Annahme zu treffen, welche Haushalte dem direkten Umfeld eines Haushalts zugeordnet werden. Dem Autor ist keine Studie bekannt, welche die Kontaktstruktur und -anzahl eines Haushalts mit Eigenschaften klassischer Haushaltspanels, beispielsweise sozioökonomischen Variablen, in Verbindung bringt. Dadurch ist es nicht möglich die Topologie des Kontaktnetzwerks auf Basis der verfügbaren empirischen Daten abzuleiten. Im Folgenden werden einige Ansätze diskutiert, die sich mit diesem Problem auseinandersetzen.

In epidemiologischen, populationsbiologischen und netzwerktheoretischen Studien werden häufig exponentielle Zerfallsfunktionen angenommen, um die Verteilung der Kontakte vorzunehmen (Vgl. Kapitel 6.1). Insbesondere bei über Luft verbreiteten Krankheitserregern haben experimentelle Studien gezeigt, dass sich die Ausbreitung von Infektionen mit solchen Verteilungen beschreiben lassen (Filipe & Maule 2004, S. 126; Vgl. Albert & Barabási 2002). Die Sekundäranalyse des E-Mail Verkehrs einer spanischen Universität von Uchida & Shirayama (2007) hat gezeigt, dass die durchschnittliche Kontaktzahl k=9,62 Personen beträgt und den Verlauf eines exponentiellen Zerfalls aufweist (Uchida & Shirayama 2007, S. 541; Vgl. Guimerá et al. 2003). Wie bereits weiter oben beschrieben, enthalten derartige empirische Untersuchungen keine Hinweise darauf, wie diese Ergebnisse auf Haushaltspaneldaten übertragen werden können. Es werden weder Eigenschaften formuliert, von denen auf die Kontaktzahl einer Person geschlossen werden kann, noch Kriterien diskutiert, welche die Aggregation von individuellen Kontaktcharakteristiken auf Haushaltsebene ermöglichen. Die einzige zurzeit durch Haushaltspaneldaten beleg- und überprüfbare Einflussgröße auf die Kontaktstruktur stellt die geographische Position der Haushalte und deren Distanz zueinander dar. Es bleibt zu klären, in welchem Maße die Beeinflussungsstärke eines Haushalts von der Distanz zwischen den Haushalten abhängt und ab welcher Distanz mit keinem Einfluss mehr zu rechnen ist. Nekovee hat die Beeinflussungsstärke bei der Verbreitung von Computerviren als Funktion der Empfangs- und Übertragungsstärke sowie der Menge an übertragenen Daten in drahtlosen Netzwerken in Abhängigkeit der euklidischen Distanzen zwischen den Netzwerkteilnehmern modelliert (Nekovee 2007, S.1ff.). Für die Kontaktstruktur von Haushalten stehen vergleichbare Daten nicht zur Verfügung, deshalb können nur generelle Aussagen bezüglich der Kontaktquantität und -qualität abgeleitet werden. Sanchez et al. treffen bei ihrer Studie zur raumzeitlichen Ausbreitung von Geflügelkrankheiten die Annahme, dass jeder Netzwerkknoten wenigstens Kontakt zu einem Anderen haben muss. Die maximale Distanz zwischen zwei benachbarten Geflügelfarmen beträgt in diesem Beispiel 13 km. Daher wird angenommen, dass innerhalb dieser Distanz eine Ansteckung erfolgen kann (Sanchez et al. 2005, S. 212). Übertragen auf die vorliegende Fragestellung bedeutet dies, dass für jeden Haushalt zunächst die Distanzen zu allen anderen Haushalten bekannt sein müssen. Für jeden Haushalt wird anschließend der nächste Nachbar, derjenige Haushalt, zu dem die geringste Distanz besteht, ermittelt. Nach Sanchez et al. (2005) ergibt sich die maximale Wirkungsdistanz als das Maximum der minimalen Distanzen zwischen zwei benachbarten Haushalten. Auf diese Weise werden die Kontaktanzahl und die Beeinflussungsstärke direkt aus der räumlichen Distanz der Haushalte abgeleitet. Dies entspricht, wie in Kapitel 6.1 gezeigt wurde, der Berechnung eines Nachbarschaftsnetzwerks mit konstantem Radius. Die gewählte Vorgehensweise zur Modellierung des lokalen Effektes ist aber auch Einschränkungen unterworfen. Das Kontaktnetzwerk basiert nicht auf sozialer Nähe. Es kann keine Aussage über freundschaftliche Beziehungen zwischen den benachbarten Haushalten getroffen werden. Es ist aber gerade davon auszugehen, dass befreundete Haushalte einen starken Einfluss auf das Kaufverhalten des jeweiligen Haushalts ausüben. Darüber hinaus ist das abgeleitete Kontaktnetzwerk aufgrund der Stichprobenziehung sehr „grobmaschig". Dies bedeutet, dass die Haushalte, die im Kontaktnetzwerk als Nachbarn behandelt werden, in der Realität nicht benachbart sind und sich mit hoher Wahrscheinlichkeit nicht kennen oder gegenseitig wahrnehmen. Geht man von einem lokalen Ausbreitungsprozess auf Grundlage von Kommunikations- und Interaktionsprozessen zwischen benachbarten Haus-

Modellierung des Kaufentscheidungsprozesses

halten aus, wie es in der vorliegenden Arbeit der Fall ist, so sind diese Kritikpunkte unerheblich. Wenn es eine latente Beeinflussung des Kaufverhaltens durch lokale Word-of-Mouth-Effekte gibt, so sind die Maschengröße des Netzwerks und damit die Zahl der Zwischenschritte nicht relevant. Der lokale Effekt lässt sich dennoch, wenn auch zeitlich verzögert, feststellen. Ein weiterer kritischer Punkt stellt die Wahl der Produktgruppe dar. Schnelllebige Konsumgüter werden in der Regel nicht öffentlich konsumiert bzw. werden öffentlich nicht so stark wahrgenommen, da diese meist mit geringem Prestige verbunden sind, ein geringes Kaufrisiko besitzen und nur einen geringen Anteil des Budgets eines Haushalts einnehmen. Sehr prestigeträchtige und in diesem Sinne „sichtbare" Produkte haben bessere Chancen wahrgenommen zu werden, sodass mit einer schnelleren und intensiveren Verbreitung kaufentscheidungsrelevanter Informationen zu rechnen ist. Jedoch ist für die solide Modellbildung eine hohe Kauffrequenz erforderlich, sodass High Involvement Produkte, die ggf. nur alle paar Jahre gekauft werden, in dieser Hinsicht ungeeignet sind. Darüber hinaus ist es gerade bei Low Involvement Produkten aufgrund des geringen Kaufrisikos wahrscheinlich, dass sich Haushalte, die über Word-of-Mouth-Effekte das Produkt wahrnehmen, zu einem Probekauf animieren lassen.

7.4 Gesellschaftlicher Einfluss

Wie bereits in Kapitel 7.3 erwähnt, besteht neben der Beeinflussung des Kaufverhaltens durch lokale Ausbreitungsprozesse auch die Möglichkeit die Diffusion der neu eingeführten Produktgruppe in der Gesellschaft als Ganzes wahrzunehmen. Es wird davon ausgegangen, dass die Verbreitung der Produktgruppe in der Gesellschaft sowie die damit assoziierte Akzeptanz einen Einfluss auf die Produktwahrnehmung und -beurteilung haben. Je mehr Haushalte bisher ein Produkt der Produktgruppe gekauft haben, desto größer ist der Nutzen, den der Kauf der Produktgruppe für den Haushalt stiftet. Mit dem Nutzen der Produktgruppe steigt auch die Kaufwahrscheinlichkeit. Formel 14 berücksichtigt diesen Effekt:

Formel 14: Berechnung des gesellschaftlichen Effekts

$$X\_Gesell_{j_t} = \frac{\sum_{1}^{t-1} N_{j_1} + N_{j_2} + \ldots + N_{j_{t-1}}}{(t-1) \cdot N}$$

$X\_Gesell_{j_t}$ = Einfluss des gesellschaftlichen Effekts auf die Kaufwahrscheinlichkeit
N_{ij_t} = Anzahl der Haushalte, die die Produktgruppe j zum Zeitpunkt t kaufen
N = Anzahl aller Haushalte
$t-1$ = Zeit von der Markteinführung bis zur Vorperiode in Kalenderwochen

Hohnisch et al. (2008) wenden eine ähnliche Berechnungsvorschrift an, um Netzwerkexternalitäten in ihrem Modell berücksichtigen zu können (Hohnisch et al. 2008, S. 6). Der gesellschaftliche Effekt ist zudem an das epidemiologische Kriterium der *Inzidenzdichte* angelehnt. Diese trägt der Dauer der Exposition als Einflussgröße auf das Erkrankungsrisiko in epidemiologischen Studien Rechnung. Die Anzahl der erkrankten Personen wird dabei anhand der Gesamtzeit, die alle Personen einem Krankheitsrisiko ausgesetzt waren, relativiert. Die Inzidenzdichte stellt keine Rate im klassischen Sinne dar, sondern gibt die Stärke an, mit der Personen einem Krankheitsrisiko ausgesetzt sind (Böhning 1998, S. 28f.). Überträgt man dies auf den Kaufentscheidungsprozess, so zeigt sich nur an einer Stelle ein Unterschied zum hier eingesetzten Parameter. Es wird nicht der gesamte Untersuchungszeitraum gewählt über den dann eine einmalige, zusammenfassende Beurteilung anhand des Parameters erfolgt. Stattdessen wird zu jeder Periode die Kaufdichte für alle Zeitpunkte bis zur jeweiligen Vorperiode berücksichtigt.

7.5 Konsumentenloyalität und habitualisiertes Kaufverhalten

Habitualisiertes Kaufverhalten bedeutet, wie bereits in Kapitel 3.1 erläutert, dass sich Haushalte bei der aktuellen Kaufentscheidung ähnlich

Modellierung des Kaufentscheidungsprozesses

verhalten werden, wie sie es bereits in vorangegangenen Kaufakten getan haben. Eine Möglichkeit zur Modellierung dieses Sachverhalts stellt der *Guadagni-Little-Index* zur Berechnung der Markentreue dar (siehe Formel 15). Dieser ermöglicht die Berechnung der Kaufwahrscheinlichkeit einer bestimmten Produktgruppe durch einen Haushalt bei mehreren aufeinander folgenden Kaufakten (Guadagni & Little 1983, S. 216).

Formel 15: Der Guadagni-Little-Index zur Berechnung der Konsumentenloyalität

$$X\_Treue_{j(t)} = \alpha \cdot X\_Treue_{j(t-1)} + (1-\alpha) \cdot k_{j(t-1)}$$

$X\_Treue_{j(t)} =$ Einfluss der Treue gegenüber einer Produktgruppe j auf die Kaufwahrscheinlichkeit

$\alpha =$ Gewichtungsfaktor, der die Stärke des Einflusses vergangener Kaufakte bewertet

$X\_Treue_{j(t-1)} =$ Treue gegenüber einer Produktgruppe j zum Zeitpunkt t-1

$k_{j(t-1)} =$ Kauf eines Produkts dieser Produktgruppe in der Vorperiode. Der Wert wird Eins, wenn die Produktgruppe zum Zeitpunkt t-1 gekauft wurde; andernfalls ergibt er Null.

Die Treue zu einer Produktgruppe wird demnach über eine exponentielle Glättung berechnet (Vgl. Tull & Hawkins 1993, S. 719f.; Vgl. Berekoven et al. 2001, S. 261). Für einen absolut untreuen Käufer der Produktgruppe erreicht $X\_Treue_{j(t)}$ den Wert Null, während bei einem vollkommenen Treuekäufer der Produktgruppe der Wert bei Eins liegt. Problematisch ist hingegen die Festlegung des Gewichtungsfaktors α. Die Berechnung dieses Gewichtungsfaktors verkompliziert die Optimierung des Gesamtmodells erheblich. Anhand von Literaturbelegen zeigt sich, dass ein Wert von α im Bereich zwischen 0,7 und 0,9 in den meisten Fällen angemessen ist (Fader & Lattin 1993, S. 306). In Anlehnung an Guadagni und Little (1983, S. 217) wird in der vorliegenden Studie ein Wert $\alpha = 0{,}875$ für den Gewichtungsfaktor zu Grunde gelegt. Um die exponentielle Glättung errechnen zu können, wird für den ersten Zeitpunkt in der dokumentierten Kaufhistorie der Wert $X\_Treue_{j(1)} = \alpha$ gesetzt, wenn die Produktgruppe gekauft wurde. Für den Fall des Nicht-Kaufs ergibt sich Formel 16:

Formel 16: Berechnung des Startwerts der exponentiellen Glättung, wenn die neu eingeführte Produktgruppe in der Vorperiode nicht gekauft wurde

$$X\_Treue_{j(1)} = \frac{1-\alpha}{\text{Anzahl der Produktgruppen} - 1}$$

In der vorliegenden Untersuchung werden nur zwei Ereignisse, Kauf und Nicht-Kauf der neu eingeführten Produktgruppe betrachtet, daher vereinfacht sich Formel 1 bei einem Nicht-Kauf auf 1 - α (Guadagni & Little 1983, S. 216). Der Guadagni-Little-Index erfasst neben der Produkttreue auch einen Teil der Heterogenität zwischen den Haushalten allgemein. Dadurch verschlechtert sich die Interpretierbarkeit der Ergebnisse, da nicht ausgeschlossen werden kann, dass ein Teil der erklärten Varianz neben der Produkttreue auch auf generelle Unterschiede zwischen den Haushalten zurückzuführen ist (Little 1994, S. 160). Folglich kann nicht festgestellt werden, ob die Modellgüte dadurch zustande kommt, dass die Produktloyalität des Haushaltes zuverlässig abgebildet wird oder weil der Index auch die Veränderung des Produktnutzens über die Zeit erfasst (Fader & Lattin 1993, S. 304). Eine vertiefende Diskussion zu diesem Problem und ein möglicher Lösungsansatz finden sich bei Fader und Lattin (1993). Darüber hinaus berücksichtigt das Modell von Fader und Lattin so genanntes *Variety Seeking* Verhalten. Dies sind abrupte Änderungen im Kaufverhalten von Konsumenten, die bei der Produktwahl von Zeit zu Zeit etwas Abwechslung wünschen. Zwar lässt sich der Wandel im Kaufverhalten auch durch das Modell von Guadagni und Little erfassen, jedoch geschieht dies mittels exponentieller Glättung nur durch eine graduelle Änderung in der Kaufhistorie. Eine punktuelle Änderung der Produktwahl kann so nicht abgebildet werden. Fader und Lattin setzten dies um, indem sie mit einer, für jeden Haushalt identischen Wahrscheinlichkeit die Kaufhistorie abbrechen und neu beginnen (Fader & Lattin 1993; S. 307). In stochastischen Marketing-Mix Modellen werden häufig Wahrscheinlichkeitsverteilungen gewählt, die nach einer bestimmten Anzahl von Kaufakten einen Bruch in dem bisherigen Kaufverhalten berücksichtigen und eine veränderte Produktwahl zur Folge haben. Über den Zeitpunkt eines, durch Variety Seeking ausgelösten, Produkt- oder Markenwechsels können hingegen nur Annahmen getroffen werden. Meist lässt sich lediglich eine Änderung des Wahlverhaltens feststellen, von der angenommen wird, dass sie auf Variety Seeking zurückzuführen ist. Es kann nicht geklärt werden, wie viele dieser Produkt- und Markenwechsel wirklich durch Variety Seeking motiviert sind und welcher Anteil auf konfundierende Einflussgrößen zurückgeht. Kahn und Louie (1990) untersuchen daher Konsumenten mit starker und schwacher Produktloyalität. Eine schwache Produktloyalität bietet einen Hinweis auf eine starke Wechselneigung durch Variety Seeking (Kahn & Louie 1990, S. 279). Fader, Hardie und Huang (2004) unterstellen eine unterschiedlich starke Neigung zu Kaufwechseln in Abhängigkeit vom Produktlebenszyklus. Konsumenten ändern demnach häufiger ihr Kaufverhalten, wenn sie noch keine Erfahrung mit dem Produkt machen konnten. Je länger sich das neue Produkt bereits am Markt befindet, desto größer ist die Produktkenntnis der Konsumenten, wodurch Probekäufe und Wechselverhalten abnehmen. Der Wandel von der Markteinführung mit einem hohen Anteil an Probekäufern bis zu einer stabilisierten Wiederkaufsrate kann dadurch abgebildet werden (Fader et al. 2004, S. 52). Jedoch wird auch bei diesem Modell nicht versucht den Zeitpunkt sowie die Gründe für diese abrupten Änderungen im Kaufverhalten zu untersuchen.

7.6 Überblick über die Einflussgrößen auf die Kaufwahrscheinlichkeit

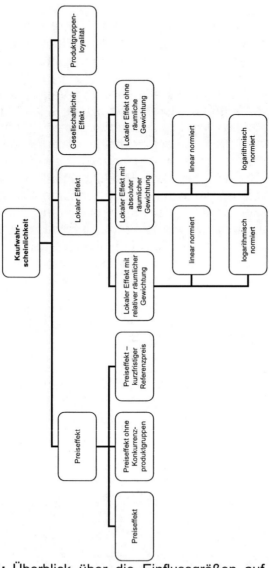

Abbildung 11: Überblick über die Einflussgrößen auf die Kaufwahrscheinlichkeit

8 Die Daten der empirischen Untersuchung

Die Daten für die empirische Untersuchung wurden von der GfK in Nürnberg bereitgestellt. Die Datenbasis umfasst eine Produktkategorie aus dem Lebensmittelbereich. Diese Produktkategorie besteht wiederum aus zwölf Produktgruppen, die alle dem Markt für frische Getränke zugeordnet werden können. Insgesamt umfasst der Datensatz 604 Produkte von 201 Marken. Zwischen den einzelnen Produkten und Marken können Substitutionsbeziehungen bestehen, sodass das Produktwahlverhalten von entscheidendem Interesse für diese Arbeit ist. Die gesamte Produktkategorie nimmt jedoch nur einen geringen Teil des Budgets der Haushalte ein, sodass mit keinem Einkaufsstättenwechsel auf Grund von Preisvariationen zu rechnen ist. Die Einkaufsstättenwahl ist daher für die vorliegende empirische Untersuchung nicht von Belang. Der Untersuchungszeitraum reicht vom 1. Januar 2005 bis zum 31. Dezember 2007, wobei 809.641 Einkaufsakte von 30.339 Haushalten dokumentiert wurden. Neben der Information, wann welcher Haushalt welches Produkt in welcher Menge und zu welchem Preis gekauft hat, sind zusätzlich Daten über die Einkaufsstätte, Haushaltseigenschaften sowie das Vorliegen von Preis- und Sonderaktionen bekannt.

Diese Daten wurden von der GfK in Nürnberg in kontinuierlichen Panelerhebungen ermittelt. Die Grundgesamtheit des Haushaltspanels der GfK sind die mehr als 38 Millionen privaten deutschen Haushalte (GfK 2008 [1]). Im Rahmen des GfK ConsumerScans werden die Kaufdaten von über 300 Warengruppen im Bereich der schnelllebigen Verbrauchsgüter per Electronic Diary und ScanIT erfasst (GfK 2008 [2]). Das Electronic Diary ist ein Handscanner, der die Europäische Artikel Nummerierung (EAN) der gekauften Waren erfasst. Dieser Strichcode wird seit 1980 auf die Warenverpackung aufgedruckt und bietet für die Marktforschung den Vorteil, dass die eingekauften Artikel bei der Erfassung genau identifiziert werden (GfK 2008 [3], S. 26). Die Daten bezüglich des Einkaufsdatums, der Einkaufsstätte und des Preises sind dem EAN-Code nicht zu entnehmen und müssen von den Panelteilnehmern erfragt werden. Außerdem verfügen nicht alle Produkte über eine EAN-Codierung. Ausnahmen sind Spezialabpackungen für einige Discounter und Frischprodukte. Für uncodierte Artikel wird ein Code aus dem Codebuch gescannt und durch Zusatzfragen ergänzt. Das Electronic Diary wird seit 1997 im gesamten Haushaltspanel der GfK eingesetzt. Die erhobenen Daten werden über Modem und Telefonleitung direkt an die GfK übermittelt (GfK 2008 [3], S. 26). Die Erhebungsmethode ScanIT wird seit 2004 eingesetzt und ermöglicht es die eingescannten EAN-Codes direkt über das Internet zu übermitteln. Dadurch werden auch die Kommunikationswege zu den Panelteilnehmern verkürzt. Die für die Panelforschung schwer zugängliche Gruppe der jüngeren Menschen kann so besser angesprochen werden. Ein weiterer entscheidender Vorteil des Verfahrens ist dessen internationale Einsetzbarkeit, wobei den Panelteilnehmern nur ein Artikelscanner bereitgestellt werden muss. Die Einkaufsdaten werden in zwei Schritten erfasst. Zunächst werden die Strichcodes der gekauften Artikel mithilfe eines Lesestifts gescannt. Anschließend wird der Stift an die USB-Schnittstelle eines, mit dem Internet verbundenen, Rechners angeschlossen. Die Daten werden auf diese Weise direkt an den Server der GfK übermittelt. Dieser überträgt anschließend die Artikeltexte an den Panelteilnehmer zurück, der in der Eingabemaske die Einkaufsstätte sowie für jeden Artikel Preis, Anzahl, Menge, usw. eingibt. Die vervollständigten Daten werden schließlich zurück an die GfK gesendet (GfK 2008 [3], S. 29). Das Haushaltspanel der GfK zeichnet sich durch umfangreiche Stichproben, hohe Rücklaufquoten und eine geringe Ausfallquote der Panelteilnehmer aus. Dies ermöglicht eine hohe Repräsentanz der Stichprobe in Bezug auf die Grundgesamtheit und eine stabile Datenlage (GfK 2008 [2]).

8.1 Datenselektion und -aufbereitung

Ausgehend von den Rohdaten des Haushaltspanels werden bestimmte Haushalte nicht bei der Modellbildung berücksichtigt. Im Speziellen sind dies Haushalte, die nicht Teil der so genannten *durchgehenden Masse* sind. Unter der durchgehenden Masse versteht man alle Haushalte, die vom Anfang bis zum Ende des Untersuchungszeitraums kontinuierlich über ihre Einkaufsakte berichtet haben. Alle anderen Haushalte sind für die Modellbildung nicht geeignet, da von diesen nur lückenhafte Informationen vorliegen. In einem gut geführten Panel liegt die durchgehende Masse bei ca. 70 bis 80 Prozent pro Jahr (Wildner & Scherübl 2005, S. 337). In dem für die empirische Auswertung verwendeten Datensatz gehören 7.753 Haushalte der durchgehenden Masse an. Diese tätigen im

Die Daten der empirischen Untersuchung

Untersuchungszeitraum 380.993 Einkaufsakte, wobei wiederum 584 verschiedene Produkte von 195 Marken gewählt wurden. In der vorliegenden Arbeit wird die Markteinführung einer neuen Produktgruppe analysiert, daher beginnt der Untersuchungszeitraum mit dem Tag, an dem der erste Kaufakt innerhalb der Stichprobe dokumentiert wurde. Für die untersuchte Produktgruppe ist dies der 11. Juli 2005. Alle früheren Zeitpunkte werden aus der Analyse ausgeschlossen, um den Diffusionsprozess der neuen Produktgruppe adäquat modellieren zu können. Seit Markteinführung der neuen Produktgruppe wurden 312.087 Einkaufsakte von 7.652 Haushalten getätigt. Insgesamt wurden 547 unterschiedliche Produkte von 188 Marken gekauft. Die tagesaktuellen Daten werden in einem nächsten Bearbeitungsschritt auf Wochenebene aggregiert. Dies erleichtert die Modellbildung, da auf diese Weise weniger Kaufzeitpunkte ohne Wahl der neu eingeführten Produktgruppe enthalten sind. Des Weiteren wird die Stabilität des entwickelten Modells erhöht und Verzerrungen durch den Wochentag des Einkaufs vermieden. Dies wird aber mit dem Nachteil erkauft, dass die kausalen Wirkungszusammenhänge zwischen der abhängigen und den unabhängigen Variablen eventuell verzerrt werden (Decker 1994, S. 72).

Bei der Stichprobenziehung kommt es darüber hinaus zu einer *Auswahlverzerrung* (*Selection Bias*), wenn diese nicht exakt den Gegebenheiten in der Grundgesamtheit entspricht (Kreienbrock & Schach 2005, S. 150f.). Im Datensatz ist ein Gewichtungsfaktor enthalten, der diese Verzerrung zwischen der Stichprobe und der Grundgesamtheit rechnerisch ausgleicht. Vor der weiteren Berechnung wurde der Datensatz mit diesem Faktor gewichtet.

Um die Reaktionen der Haushalte nach Einführung der neuen Produktgruppe analysieren zu können, ist es erforderlich diejenigen Haushalte zu selektieren, welche wenigstens einmal ein Produkt dieser Produktgruppe gekauft haben. Seit Einführung der neuen Produktgruppe haben 1.767 Haushalte mindestens einmal ein Produkt aus dieser gewählt. Um der hohen Zahl an Haushalten und Einkaufsakten in einem Modell gerecht werden zu können, werden die verschiedenen Marken und Produkte auf Produktgruppenebene zusammengefasst. Es ergeben sich 12 Produktgruppen, von denen drei innerhalb von vier Wochen nicht von einem einzigen der untersuchten Haushalte gewählt wurden. Dies ist ein Indikator für die geringe Kauffrequenz und Relevanz dieser Produktgruppen. Sie werden daher aus der weiteren Analyse ausgeschlossen.

Insgesamt tätigten die Haushalte 70.305 Einkaufsakte, wobei Produkte aus neun Produktgruppen gewählt wurden.

8.2 Aufbereitung der Preisinformationen

In die Berechnung des Preiseffektes gehen der maximal bezahlte Preis für ein Produkt der jeweiligen Produktgruppe sowie der wöchentliche Durchschnittspreis der Produktgruppe ein. Die aktuellen Preise der verschiedenen Produkte und Marken werden zunächst anhand des Datums auf Wochenebene und anschließend auf Produktgruppenebene aggregiert. Bei der Berechnung der Durchschnittspreise kommt es vor, dass innerhalb einer Woche kein Produkt der Produktgruppe von einem der untersuchten Haushalte gekauft wurde. Es ergibt sich folglich ein fehlender Wert. Die fehlenden Werte werden durch den Mittelwert aus den umgebenden Nachbarwerten, dies sind die gültigen Werte ober- und unterhalb des fehlenden Werts, ersetzt. Um den Informationsverlust durch dieses Schätzverfahren möglichst gering zu halten, wird eine iterative Vorgehensweise gewählt. Zunächst werden die Werte ersetzt, für die ein Wert direkt ober- und unterhalb des fehlenden Werts existiert. Anschließend wird die Zahl der einbezogenen Nachbarwerte jeweils um eine Einheit erhöht, sodass für jeden Wert nur die Mindestzahl an Nachbarwerten berücksichtigt wird. Produktgruppen, die innerhalb eines Zeitraums von vier Wochen nicht einmal gekauft wurden, zeigen eine derart geringe Kauffrequenz, dass sie für die folgende Analyse keine Relevanz besitzen. In der vorliegenden Arbeit trifft dies auf drei Produktgruppen zu.
Die beschriebene Aggregation auf Produktgruppen- und Wochenebene bietet den Vorteil eines geringeren Modellumfangs sowie der erhöhten Übersichtlichkeit. Dies wird meist mit einer größeren Ungenauigkeit erkauft, da die Preisinformationen teilweise nivelliert werden (Klenger & Krautter 1972 [2], S. 51). Abbildung 12 zeigt Preisvariationen der neun untersuchten Produktgruppen:

Die Daten der empirischen Untersuchung

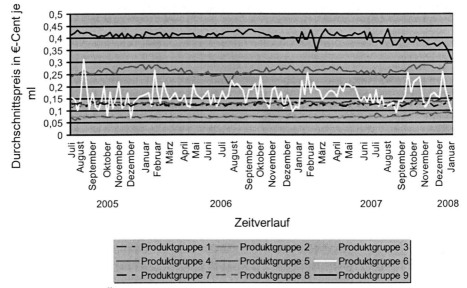

Abbildung 12: Überblick zu den Preisentwicklungen der neun untersuchten Produktgruppen

Mit Ausnahme der Produktgruppen vier, sechs und neun zeigen sich nur sehr schwache Preisvariationen im Zeitverlauf. Produktgruppe vier weist einen saisonalen Preisverlauf auf. Im Dezember und Januar zeigen sich Hochpreisphasen. In den darauf folgenden Wochen sinken die Produktgruppenpreise kontinuierlich und erreichen im Juli und August ihren Tiefpreis. Gründe für diese Preisschwankungen können saisonale Veränderungen in der Nachfrage oder in den Herstellungskosten sein. Produktgruppe sechs ist ebenfalls durch sehr starke Preisschwankungen charakterisiert. Preisspitzen und Phasen mit Preissenkungen wechseln sich zyklisch ab. Dies deutet auf eine Produktgruppe mit intensivem Wettbewerb hin. Die extremen Preisschwankungen können auf Preiskämpfe zwischen den konkurrierenden Anbietern zurückgeführt werden. Die Konkurrenten reagieren dabei sehr stark auf Preisaktionen der anderen Anbieter, sodass sich innerhalb der gesamten Produktgruppe starke Schwankungen in den Durchschnittspreisen zeigen. Jedoch könnten die Preisschwankungen auch auf stark schwankende Herstellungskosten zurückzuführen sein, die über den Produktgruppenpreis an die Konsumenten weitergegeben werden und alle Anbieter der Produktgruppe in gleichem Maße betreffen. Produktgruppe neun ist die neu ein-

Die Daten der empirischen Untersuchung

geführte Produktgruppe, die im Rahmen dieser Arbeit analysiert wird. Es zeigt sich ein für Produktneueinführungen typischer Preisverlauf. Die Produktgruppenpreise nehmen mit der Zeit kontinuierlich ab. Auch hier lassen sich zwei Tiefpreisphasen im Februar 2007 und Januar 2008 feststellen. Dies kann ein Indiz für mögliche saisonale Schwankungen sein. Diese sind aber sehr viel schwächer ausgeprägt als bei Produktgruppe vier, sodass keine eindeutige Aussage getroffen werden kann. Die Preise der Produktgruppen eins und sieben sind generell nur geringen Schwankungen unterworfen, weisen jedoch im Januar 2008 einen deutlichen Preisanstieg auf.

8.3 Vervollständigung der geographischen Daten

Für die Berechnung des Nachbarschaftsnetzwerks ist die Kenntnis der geographischen Verortung der Haushalte erforderlich. Die Geocodierung liegt in Form von GPS-Daten für die Jahre 2006, 2007 und 2008 vor. Die Daten stehen nicht zu jedem Zeitpunkt für alle Haushalte zur Verfügung. Die fehlenden geographischen Daten müssen ergänzt werden. Um den Informationsverlust und Näherungsfehler möglichst gering zu halten, wird bei einer fehlenden Geocodierung für das Jahr 2008 auf die Daten von 2007 zurückgegriffen. Fehlen auch die entsprechenden Daten des Jahres 2007, so werden diese anhand der Daten von 2006 vervollständigt. Ein Haushalt wird gänzlich aus der Analyse ausgeschlossen, wenn für diesen überhaupt keine räumlichen Daten verfügbar sind. Obwohl durch die gewählte Vorgehensweise Wanderungsbewegungen von Haushalten nicht erfasst werden können, ist mit einer relativ geringen Verzerrung der Ergebnisse zu rechnen. Zumindest was den Wohnort anbelangt sind Haushalte in einem Zeitraum von drei Jahren verhältnismäßig statische Einheiten, sodass mit keiner nennenswerten Verzerrung aufgrund von Wanderungsbewegungen (*Migration Bias*) zu rechnen ist (Kreienbrock & Schach 2005, S. 153f.). Abbildung 13 fasst die Schritte bei der Datenselektion und -aufbereitung schematisch zusammen:

Die Daten der empirischen Untersuchung

Rohdaten des Verbraucherpanels

Untersuchungszeitraum	1. Januar 2005 bis 31. Dezember 2007
Anzahl der Haushalte	30.339
Anzahl der Kaufakte	809.641
Auswahl an Produkten	604
Auswahl an Marken	201

Auswahl der durchgehenden Masse
⬇

Durchgehende Masse des Verbraucherpanels

Untersuchungszeitraum	1. Januar 2005 bis 31. Dezember 2007
Anzahl der Haushalte	7.753
Anzahl der Kaufakte	380.993
Auswahl an Produkten	584
Auswahl an Marken	195

Selektion der Kaufdaten seit Markteinführung
⬇

Kaufdaten seit Einführung des neuen Produkts

Untersuchungszeitraum	11. Juli 2005 bis 31. Dezember 2007
Anzahl der Haushalte	7.652
Anzahl der Kaufakte	312.087
Auswahl an Produkten	547
Auswahl an Marken	188

Zusammenfassung der Produkte und Marken zu Produktgruppen;
Ausschluss von Produktgruppen mit zu geringer Kauffrequenz;
Auswahl der Käufer der neu eingeführten Produktgruppe;
Aggregation der tagesaktuellen Daten
⬇

Käufer der neuen Produktgruppe

Untersuchungszeitraum	KW 28 in 2005 bis KW 1 in 2008
Anzahl der Haushalte	1.767
Anzahl der Kaufakte	70.305
Anzahl der Produktgruppen	9

Abbildung 13: Übersicht der Datenselektions und -aufbereitungsschritte

9 Statistische Auswertung – Die logistische Regressionsanalyse

Die Schätzung der Kaufwahrscheinlichkeiten des entwickelten Modells erfolgt über eine logistische Regressionsanalyse mithilfe der Statistiksoftware SPSS® für Windows Version 15. Die logistische Regression bietet den Vorteil die Kaufentscheidung disaggregiert, d. h. auf Ebene des einzelnen Haushalts zu modellieren. Wie in Kapitel 7 bereits dargestellt, bieten aggregierte Modelle meist gute Anpassungen. Jedoch sind die Ergebnisse nicht auf Ebene der Haushalte interpretierbar. Gerade für den Nachweis ggf. existierender kaufentscheidungsrelevanter Kommunikationsprozesse zwischen Haushalten ist die Berechnung auf Individualebene sinnvoll. Die logistische Regression bietet darüber hinaus den Vorteil die Wahrscheinlichkeit für das Eintreten eines bestimmten Ereignisses anzugeben. Ähnlich wie bei der Diskriminanzanalyse, werden bei der logistischen Regression zwei Komplementärereignisse, hier Kauf oder Nicht-Kauf der neu eingeführten Produktgruppe, im Hinblick auf die erklärenden Variablen untersucht und deren Eintrittswahrscheinlichkeiten errechnet (Backhaus et al. 2006, S. 426). Generell stellt die logistische Regression, vor allem im Vergleich zur Diskriminanzanalyse, ein sehr robustes Verfahren dar, da sie keine Annahmen bezüglich der Verteilungen trifft. Die Ergebnisse sind allerdings in der Regel stabiler, wenn die erklärenden Variablen eine multivariate Normalverteilung aufweisen (Pospeschill 2007, S. 207). Wie auch bei der linearen Regression, werden bei der logistischen Regression die Gewichte der erklärenden Variablen über einen Regressionsansatz geschätzt und mit beobachteten Daten in Verbindung gebracht. Die abhängige Variable der logistischen Regression weist kein metrisches Skalenniveau auf, sondern ist kategorial skaliert (Backhaus et al. 2006, S. 426). Im Gegensatz zur linearen Regression geht die logistische Regression von einem nicht-linearen Zusammenhang zwischen der Eintrittswahrscheinlichkeit der abhängigen Variablen und der erklärenden Variablen aus (Backhaus et al. 2006, S. 432). Die logistische Regression legt daher einen s-förmigen Verlauf der Eintrittswahrscheinlichkeiten zu Grunde (Backhaus et al. 2006, S. 434). Bei der logistischen Regression können sowohl metrische als auch kategorialskalierte Daten als erklärende Variablen integriert werden. Die grundlegenden Zusammenhänge werden in Abbildung 14 dargestellt:

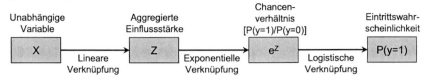

Abbildung 14: Zusammenhänge der Einflussgrößen bei der logistischen Regressionsanalyse (Quelle: Backhaus et al. 2006, S. 434)

Wie der Abbildung zu entnehmen ist, ergibt sich bei der logistischen Regressionsanalyse die aggregierte Variable z aus einer Linearkombination der Einflussgrößen x. Diese aggregierte Einflussstärke geht wiederum als exponentielle Verknüpfung in eine logistische Funktion zur Berechnung der Eintrittswahrscheinlichkeiten ein (Backhaus et al. 2006, S. 431). Auf die Berechnungsvorschriften sowie die Schätzverfahren der logistischen Regressionsanalyse wird im Rahmen dieser Arbeit nicht weiter eingegangen. Der interessierte Leser sei an dieser Stelle auf Backhaus et al. (2006, S. 426ff.) verwiesen.

Bei der Interpretation der Ergebnisse der logistischen Regression ergeben sich einige Herausforderungen. Die erklärenden Variablen bestimmen die Ausprägung der erklärten Variablen, wie Abbildung 14 zeigt, nur indirekt und in nicht-linearer Weise, sodass weder die Regressionskoeffizienten untereinander vergleichbar, noch die Wirkung der erklärenden Variablen über den gesamten Bereich ihrer Ausprägungen konstant sind (Backhaus et al. 2006, S. 439). Ruft man sich den s-förmigen Verlauf der logistischen Regressionskurve vor Augen, so wird deutlich, dass in verschiedenen Bereichen der logistischen Funktion ein Einfluss gleicher Intensität durch die erklärenden Variablen eine unterschiedlich starke Wirkung auf die Ausprägung der Eintrittswahrscheinlichkeit y ausübt. Eine Aussage kann demnach lediglich der Richtung nach erfolgen. Bei einer hohen Ausprägung der unabhängigen Variablen führt ein negativer Regressionskoeffizient zu einer sinkenden Eintrittswahrscheinlichkeit, während ein positiver Regressionskoeffizient das Eintreten des Ereignisses begünstigt (Backhaus et al. 2006, S. 441). Eine Möglichkeit zur besseren Interpretation der Ergebnisse besteht darin, nicht die Eintrittswahrscheinlichkeit P(y=1), sondern deren Verhältnis zur Gegenwahrscheinlichkeit 1-P(y=1) zu betrachten. Im vorliegenden Fall beschreibt

Statistische Auswertung

P(y=1) die Wahrscheinlichkeit, mit der ein Haushalt die neu eingeführte Produktgruppe wählt. Die Gegenwahrscheinlichkeit steht entsprechend für den Kauf einer anderen Produktgruppe. Dieses Wahrscheinlichkeitsverhältnis, auch *Odds* genannt, drückt die Chance aus, mit der man das Ereignis y=1 im Vergleich zum Ereignis y=0 erhält. Formel 17 veranschaulicht die beschriebenen Zusammenhänge:

Formel 17: Berechnung des Wahrscheinlichkeitsverhältnisses

$$\text{Odds}(y=1) : \frac{p(y=1)}{1-p(y=1)} = e^z$$

Dieses Wahrscheinlichkeitsverhältnis gibt an, um wie viel Mal höher die Wahrscheinlichkeit des Eintretens im Gegensatz zum Nicht-Eintreten des Ereignisses ist (Backhaus et al. 2006, S. 442f.). Eine genauere Aussage über die Höhe der Einflussstärken der erklärenden Variablen ist mithilfe der Odds über die Effekt-Koeffizienten, häufig auch als Odds-Ratio bezeichnet, möglich. Erhöht sich demnach eine erklärende Variable x um eine Einheit, so erhöht sich das Chancenverhältnis zu Gunsten des Eintretens des Ereignisses y=1 um die eulersche Zahl potenziert mit dem entsprechenden Regressionskoeffizienten b (Backhaus et al. 2006, S. 444; Vgl. Ulm 1997, S. 279; Vgl. Kreienbrock & Schach 2005, S. 47ff.; Vgl. Fletcher & Fletcher 2007, S. 79; Vgl. Kundt & Krentz 2007, S. 20f.). Die beschriebenen Zusammenhänge werden in Tabelle 2 nochmals zusammengefasst:

Tabelle 2: Auswirkungen positiver und negativer Regressionskoeffizienten auf die Eintrittswahrscheinlichkeit (Quelle: Backhaus et al. 2006, S. 445)

Regressions-koeffizient b	Odds-Ratio e^b	Aggregierte Einflussstärke z	Odds (y=1)	Eintrittswahr-scheinlichkeit
b>0	e^b>1	steigt um b	steigt um e^b	steigt
b<0	e^b<1	sinkt um b	sinkt um e^b	fällt

Statistische Auswertung

Neben der Prüfung der einzelnen Variablen des Modells ist insbesondere die Beurteilung der Gesamtgüte des Modells entscheidend. In der vorliegenden Untersuchung werden ausschließlich *Nagelkerkes R^2* und die *Klassifizierungsergebnisse* als Beurteilungsmaßstab der Modellgüte herangezogen. Ein Überblick zu den Gütekriterien der logistischen Regressionsanalyse findet sich bei Backhaus et al. (2006, S. 445ff.). Nagelkerkes R^2 ist ein so genanntes Pseudo-R^2 und versucht, ähnlich wie das Bestimmtheitsmaß der linearen Regression, den Anteil der erklärten Varianz des Regressionsmodells zu quantifizieren. Dieses Gütemaß wird hier bevorzugt, da es eine direkte inhaltliche Deutung als Prozentsatz der erklärten Varianz ermöglicht (Backhaus et al. 2006, S. 448). Nach Backhaus et al. ist ein Nagelkerkes R^2 von über 0,5 als sehr gut zu interpretieren (Backhaus et al. 2006, S. 449f.). Werte größer als 0,2 werden als akzeptabel und Werte ab 0,4 als gut bezeichnet (Backhaus et al. 2006, S. 456). Bei der Beurteilung der Klassifikationsfähigkeit ist es zunächst zweckmäßig die realisierte Trefferquote mit der Wahrscheinlichkeit einer rein zufälligen Zuordnung zu vergleichen (Backhaus et al. 2006, S. 453). Eine interessante inhaltliche Deutung dieser Klassifikationsergebnisse findet sich in der epidemiologischen Methodik. Ausgehend von der Klassifikationsmatrix lassen sich zwei Messzahlen, die *Sensitivität* und die *Spezifität* des Messverfahrens, vergleichen. Diese können als zusätzliche Beurteilungskriterien für den Klassifikationswert eines Messverfahrens herangezogen werden. Gelingt es mit einem Modell die bedingte Wahrscheinlichkeit P(+|+) für ein positives Ergebnis, hier einen Kaufakt in der neu eingeführten Produktgruppe, auch als solches zu klassifizieren, so bezeichnet man dies als Sensitivität oder auch Empfindlichkeit des Messverfahrens. Die richtige Zuordnung der bedingten Wahrscheinlichkeit P(-|-) für ein negatives Ergebnis kann als Spezifität oder auch Treffsicherheit des Messverfahrens bezeichnet werden (Kreienbrock & Schach 2005, S. 158). Tabelle 3 veranschaulicht diesen Zusammenhang:

Tabelle 3: Übersicht positiver und negativer Klassifizierungen einer Klassifizierungstabelle

	Kauf	Nicht-Kauf
Kauf	(+|+)	(+|-)
Nicht-Kauf	(-|+)	(-|-)

Auf dieser Grundlage kann die Sensitivität als Quotient der richtig zugeordneten Käufe und der Summe aus richtig zugeordneten Käufen sowie den fälschlicherweise als Käufe klassifizierten Einkaufsakten geschätzt werden. Es ergibt sich der, in Formel 18 beschriebene Zusammenhang:

Formel 18: Berechnung der Sensitivität eines Messverfahrens

$$\hat{P}(+|+) = \frac{(+|+)}{(+|+)+(-|+)}$$

Die Spezifität kann hingegen als Quotient der richtigen Zuordnungen des Nicht-Kaufs und der Summe aus richtig zugeordneten Nicht-Käufern und fälschlicherweise als Nicht-Käufer klassifizierte Käufer geschätzt werden (siehe Formel 19):

Formel 19: Berechnung der Spezifität eines Messverfahrens

$$\hat{P}(-|-) = \frac{(-|-)}{(-|-)+(+|-)}$$

Ist die Summe aus Sensitivität und Spezifität kleiner als Eins, so sind Fehlklassifikationen wahrscheinlicher als richtige Einstufungen. In diesem Fall ist das Modell für die Abbildung des entsprechenden Sachverhaltes ungeeignet (Kreienbrock & Schach 2005, S. 159).

9.1 Auswahl der Optimalkonfiguration der erklärenden Variablen

Im Folgenden wird die Optimalkonfiguration der Modellvarianten vorgestellt. Aus Gründen der besseren Übersichtlichkeit erfolgt nur eine Darstellung der Modellvariante mit dem höchsten Anteil an der erklärten Varianz. Die statistische Auswertung erfolgt, wie in Kapitel 9 beschrieben, mithilfe einer binären logistischen Regressionsanalyse, wobei für jede Einflussgröße eine separate Regression gerechnet wird. In die Analyse gehen die Daten des gesamten Untersuchungszeitraums ein. Die Auswahl der optimalen Konfiguration der Einflussgrößen erfolgt auf Grundlage der Signifikanz sowie dem Beitrag zur erklärten Varianz. Wie be-

Statistische Auswertung

reits in Kapitel 9 beschrieben, ermöglicht Nagelkerkes R^2 eine direkte Interpretation als prozentualer Anteil der erklärten Varianz. Diesem, an das Bestimmtheitsmaß R^2 angelehnten, Gütekriterium wird daher der Vorzug gegeben. Tabelle 4 zeigt die ermittelte Optimalkonfiguration des Kaufentscheidungsmodells:

Tabelle 4: Modellkonfiguration mit dem größten Anteil an der erklärten Varianz – Vergleich verschiedener Regressionsmodelle

Einflussgröße	Regressionskoeffizient	Standardfehler	2-Log-Likelihood	Nagelkerkes R^2 in Prozent
Alternativer Preiseffekt ohne Konkurrenzproduktgruppen***	2,79	0,08	45949,95	**3,56**
Konstante***	-2,34	0,01		
Lokaler Effekt mit räumlicher Gewichtung – absolut – logarithmisch normiert***	11,17	0,42	46522,03	**1,92**
Konstante***	-2,38	0,02		
Gesellschaftlicher Effekt***	80,97	1,51	44129,12	**8,70**
Konstante***	-3,57	0,03		
Treueindex***	5,43	0,07	40594,89	**18,30**
Konstante***	-2,71	0,02		

*** höchst signifikant p<0,001; ** hoch signifikant p<0,01; * signifikant p<0,05; n.s. nicht signifikant
Freiheitsgrade df=1
Fallzahl N=70305
Alle Zahlenwerte wurden auf zwei Dezimalen gerundet.

Die beiden stärksten Einflüsse sind der Treueindex (Nagelkerkes R^2=18,30 Prozent; df=1; p<0,001) und der gesellschaftliche Effekt (Nagelkerkes R^2=8,70 Prozent; df=1; p<0,001). Die Loyalität der Konsumenten gegenüber der neu eingeführten Produktgruppe sowie die Verbreitung dieser Produktgruppe in der Gesellschaft besitzen somit die größte Erklärungskraft. Der alternative Preiseffekt ohne Konkurrenzproduktgruppen (Nagelkerkes R^2=3,56 Prozent; df=1; p<0,001) erklärt hingegen nur einen relativ geringen Anteil an der Varianz des Kaufverhaltens.

Auch der lokale Effekt weist nur eine geringe Erklärungskraft auf (Nagelkerkes R^2=1,92 Prozent; df=1; p<0,001). Lediglich knapp 2 Prozent der Varianz können durch diese Variable erklärt werden. Für alle Variablen haben sich statistisch höchst signifikante Werte ergeben, wenn für jede Einflussgröße eine separate logistische Regressionsanalyse berechnet wird. Im Folgenden werden nur noch diese optimalen Konfigurationen der erklärenden Variablen berücksichtigt und nachfolgend als Preiseffekt, lokaler Effekt, gesellschaftlicher Effekt und Treueindex bezeichnet.

9.2 Transformation der erklärenden Variablen

Die erklärenden Variablen weisen zum Teil eine große Schiefe auf, sodass die Verteilung der Einflussgrößen vom Ideal einer Normalverteilung abweicht. Obwohl die logistische Regressionsanalyse keine Annahmen bezüglich der Verteilung der erklärenden Variablen trifft, zeigen sich trotz allem in der Regel bei einer Normalverteilung die besten Ergebnisse (siehe Kapitel 9). Eine homogene Transformation kann diesen Fehler rechnerisch ausgleichen und zu einer besseren Modellanpassung führen. Die folgenden Tabellen geben einen kurzen Überblick über die Schiefe der erklärenden Variablen und die Güte des Gesamtmodells (siehe Tabelle 5 & Tabelle 6):

Tabelle 5: Überblick über die Minima, Maxima und die Schiefe der erklärenden Variablen

Einflussgröße	Minimum	Maximum	Schiefe	
			Schiefe	Standardfehler
Preiseffekt	-0,32	1,00	0,75	0,01
Lokaler Effekt	0,00	0,50	2,67	0,01
Gesellschaftlicher Effekt	0,00	0,03	0,40	0,01
Treueindex	0,00	1,00	3,51	0,01

Fallzahl N=70305
Alle Zahlenwerte wurden auf zwei Dezimalen gerundet.

Alle erklärenden Variablen weisen eine linksschiefe Verteilung auf. Der lokale Effekt (Schiefe=2,67) und der Treueindex (Schiefe=3,51) haben

Statistische Auswertung

eine hohe positive Schiefe. Schiefe in den Einflussgrößen ist ein Indiz dafür, dass die Variablen von einer Normalverteilung (Schiefe=0) abweichen. Durch eine Logarithmierung mit dem natürlichen Logarithmus werden die Variablen stärker an eine Normalverteilung angepasst, wodurch die Güte der Anpassung steigt. Die Variablen dürfen dabei keine Werte kleiner oder gleich Null annehmen. Dies ist bei den vorliegenden Einflussgrößen nicht gegeben, sodass ein weiterer Transformationsschritt vor der Logarithmierung erforderlich wird. In der Praxis hat sich eine Transformation in der folgenden Form bewährt (Vgl. Wildner 1991, S. 121):

Formel 20: Logarithmische Transformation der erklärenden Variablen

$$\text{Transformierte Variable} = 1 + \frac{\text{Variable}}{100}$$

Tabelle 6: Überblick über die Minima, Maxima und die Schiefe der transformierten und logarithmierten erklärenden Variablen

Einflussgröße	Minimum	Maximum	Schiefe	
			Schiefe	Standardfehler
Preiseffekt	0,00	0,01	0,75	0,01
Lokaler Effekt	0,00	0,01	2,67	0,01
Gesellschaftlicher Effekt	0,00	0,00	0,40	0,01
Treueindex	0,00	0,01	3,51	0,01

Fallzahl N=70305
Alle Zahlenwerte wurden auf zwei Dezimalen gerundet.

Generell zeigt sich nur eine geringe Veränderung der Parameter durch die Transformation und Logarithmierung. Tabelle 7 bietet einen Überblick über die Modellgüte:

Statistische Auswertung

Tabelle 7: Übersicht über die Modellgüte sowohl mit als auch ohne Transformation und Logarithmierung der erklärenden Variablen – Vergleich verschiedener Regressionsmodelle

Einflussgröße	Regressionskoeffizient	Standardfehler	2-Log-Likelihood	Nagelkerkes R² in Prozent
Preiseffekt*	1,40	0,09		
Lokaler Effekt*	2,21	0,53		
Gesellschaftlicher Effekt*	59,89	1,76	38705,04	**23,24**
Treueindex*	4,61	0,07		
Konstante*	-3,83	0,03		
Preiseffekt***^{A}	139,89	9,05		
Lokaler Effekt***^{A}	220,74	53,05		
Gesellschaftlicher Effekt***^{A}	5987,25	176,00	38700,07	23,25
Treueindex***^{A}	462,55	7,22		
Konstante***	-3,823	0,03		

*** höchst signifikant p<0,001; ** hoch signifikant p<0,01; * signifikant p<0,05; n.s. nicht signifikant
^{A} Transformierte und logarithmierte Einflussgrößen
Freiheitsgrade df=1
Fallzahl N=70305
Alle Zahlenwerte wurden auf zwei Dezimalen gerundet.

Das Modell mit transformierten und logarithmierten Einflussgrößen liefert mit einem Nagelkerkes R² von 23,25 Prozent im Vergleich zu 23,24 Prozent einen vernachlässigbar höheren Beitrag zur erklärten Varianz. Durch die Transformation und Logarithmierung haben sich auch die Regressionskoeffizienten der absoluten Höhe nach verändert. Dies erschwert eine Interpretation der erklärenden Variablen mithilfe des Odds-Ratios (siehe Kapitel 9). Daher werden im Folgenden nur die erklärenden Variablen ohne Transformation und Logarithmierung berücksichtigt.

9.3 Die Modellgüte

Die Modellgüte in Form von Nagelkerkes R² wurde bereits kurz in Kapitel 9.2 bei der Bestimmung der optimalen Modellkonfiguration dargestellt. In diesem Kapitel werden dieses und ergänzende Gütekriterien

Statistische Auswertung

angewendet und diskutiert, um ein umfassenderes Bild des statistischen Aussagegehalts des entwickelten Modells zeichnen zu können. Ein Nagelkerkes $R^2=0,2324$ besagt, dass 23,24 Prozent der Varianz des Kaufverhaltens durch das Modell erklärt werden können. Nach Backhaus et al. sind Werte größer als 0,2 für Nagelkerkes R^2 akzeptabel, Werte ab 0,4 sind sogar als gut zu bezeichnen (Backhaus et al. 2006, S. 456). Somit ist die Güte des Modells akzeptabel, was Nagelkerkes R^2 anbelangt. Die Klassifizierungstabelle gibt, wie bereits in Kapitel 9 dargestellt, einen Überblick über den Aussagegehalt des Gesamtmodells anhand der realisierten Trefferquote. Die Trefferquote drückt den Anteil richtiger Zuordnungen durch das Modell aus. Tabelle 8 stellt die Klassifizierungsergebnisse des optimierten Gesamtmodells dar:

Tabelle 8: Klassifizierungstabelle des optimierten Modells

Beobachtete Produktgruppenwahl	Vorhergesagte Produktgruppenwahl		
	Kauf der neu eingeführten Produktgruppe	Kauf einer anderen Produktgruppe	Prozentsatz der Richtigen
Kauf der neu eingeführten Produktgruppe	1173	6197	15,92
Kauf einer anderen Produktgruppe	969	61966	98,46
Gesamtprozentsatz			89,81

Alle Zahlenwerte wurden auf zwei Dezimalen gerundet.

Betrachtet man die Klassifizierungstabelle, so fällt zunächst auf, dass nur rund 16 Prozent der Fälle, in denen die neu eingeführte Produktgruppe gewählt wird, durch das Modell richtig klassifiziert werden. Dies ist angesichts dessen, dass nur zwei Wahlmöglichkeiten untersucht werden schlechter als eine zufällige Zuordnung. Die Kaufakte, in denen eine andere als die neu eingeführte Produktgruppe gewählt wird, werden mit fast 98,5 Prozent richtigen Zuordnungen sehr gut erfasst. Bedenkt man den geringen Anteil an Kaufakten, in denen die neu eingeführte Produktgruppe gewählt wird, so weist das Gesamtmodell mit durchschnittlich fast 90 Prozent richtigen Zuordnungen eine hohe Güte auf. Der Vergleich mit einer zufälligen Zuordnung, wie er von Backhaus et al. (2006, S. 453) empfohlen wird, gibt nur einen groben Anhaltspunkt für die Güte des Modells. Ein detailliertes Bild der Modellgüte erhält man, wenn zusätzlich die Sensitivität und Spezifität des Modells analysiert

Statistische Auswertung

wird (siehe Kapitel 9). Setzt man die Werte der Klassifizierungstabelle (Tabelle 8) in die Formel zur Näherung der Sensitivität (siehe Kapitel 9) ein, so ergibt sich diese zu:

$$\hat{P}(+|+) = \frac{(1173)}{(1173)+(969)} = \frac{23}{42} \approx 0{,}55$$

Entsprechend errechnet sich die Spezifität zu:

$$\hat{P}(-|-) = \frac{(61966)}{(61966)+(6197)} \approx 0{,}91$$

Die Summe aus Sensitivität und Spezifität ergibt näherungsweise den Wert 1,46. Dieser ist deutlich größer als Eins, d. h. richtige Einstufungen sind sehr viel wahrscheinlicher als Fehleinschätzungen. Das Modell ist also geeignet, um das Produktwahlverhalten adäquat abzubilden (Vgl. Kreienbrock & Schach 2005, S. 159).

Die Beurteilung der Einflussstärke der erklärenden Variablen selbst hat bisher noch keine Beachtung gefunden und erweist sich, wie in Kapitel 9 beschrieben, bei der logistischen Regression als problematisch. Eine Möglichkeit zur Beurteilung der Einflussstärke bieten, wie Backhaus et al (2006, S. 444) empfehlen, die Odds Ratios. Tabelle 9 gibt einen Überblick über die Odds Ratios der erklärenden Variablen:

Tabelle 9: Beurteilung der Einflussstärke der einzelnen erklärenden Variablen

Einflussgröße	Regressionskoeffizient b	Odds Ratio e^b
Preiseffekt***	1,40	4,06
Lokaler Effekt***	2,21	9,12
Gesellschaftlicher Effekt***	59,89	$1{,}02*10^{26}$
Treueindex***	4,61	100,48

*** höchst signifikant p<0,001; ** hoch signifikant p<0,01; * signifikant p<0,05; n.s. nicht signifikant
Alle Zahlenwerte wurden auf zwei Dezimalen gerundet.

Eine Erhöhung des gesellschaftlichen Effektes um eine Einheit hat somit eine Vergrößerung der Kaufchance (Odds) der neu eingeführten Produktgruppe um den Faktor $1{,}02*10^{26}$ zur Folge. Aus Sicht des Marke-

Statistische Auswertung

tingmanagements ist die Unterstützung des Diffusionsprozesses, d.h. die Steigerung der Produktverbreitung in der Gesellschaft erforderlich, um die Kaufwahrscheinlichkeit zu erhöhen. Das Ergebnis deutet zudem darauf hin, dass sich Konsumenten dann zu einem Kauf entschließen, wenn sich das Produkt bereits am Markt etablieren konnte und von vielen anderen Konsumenten gekauft wird. Dieses Ergebnis deckt sich mit den Erkenntnissen der Diffusionsforschung (siehe Kapitel 5). Auch der Treueindex weist einen hohen Wert für das Odds-Ratio auf. Erhöht sich dieser Faktor um eine Einheit, so steigt die Kaufchance der neu eingeführten Produktgruppe um den Faktor 100,48. Dies unterstreicht die Bedeutung des habitualisierten Kaufverhaltens und der Konsumentenloyalität bei der Kaufentscheidung (siehe Kapitel 3.1 und 7.5). Sowohl der lokale Effekt als auch der Preiseffekt weisen ein deutlich geringeres Odds-Ratio auf. Eine Erhöhung des lokalen Effektes um eine Einheit führt demnach zu einer Vergrößerung der Kaufchance um den Faktor 9,12. Erhöht man den Preiseffekt um eine Einheit, so ist mit einer Steigerung des Odds-Ratio um den Faktor 4,06 zu rechnen.

10 Gütekriterien und Modelltests

Das im Rahmen dieser Arbeit vorgestellte und entwickelte Modell lässt sich der Gruppe ökonometrischer Kaufentscheidungsmodelle zur Auswertung von Haushaltspaneldaten zuordnen (siehe Abbildung 3). Diese Art von Modellen bergen zahlreiche Spezifikationsprobleme, die vor der weiteren Analyse zunächst getestet werden müssen. In den nächsten Kapiteln werden darüber hinaus die Modellgüte und die Modellanpassung diskutiert.

Bei Längsschnitt- und Zeitreihendaten wird häufig das Problem der *Autokorrelation* festgestellt. Diese liegt vor, wenn die Störgrößen des Modells den Einfluss einer nicht explizit berücksichtigten Variablen widerspiegeln oder wenn Mess- und Auswahlfehler in den Daten bestehen. Die Streuung dieser konfundierenden Variablen kann nicht durch das Modell erklärt werden. Die Wahrscheinlichkeit für das Vorliegen einer zeitabhängigen Korrelation der Störgrößen wird umso höher, je kürzer die Periodenlänge gewählt wird. Eine zeitliche Aggregation kann daher von Nutzen sein (siehe Kapitel 8). Autokorrelationen können zu fehlerhaften Parameterschätzungen und zu Fehleinschätzungen der Varianzen der Störgrößen führen (Decker 1994, S. 81). Ein einfaches Verfahren zur Visualisierung von Autokorrelationen erhält man, indem die Residuen gegen die prognostizierten Werte abgetragen werden (Backhaus et al. 2006; S. 87). Dabei ergeben sich folgende typische Zusammenhänge (siehe Abbildung 15):

Gütekriterien und Modelltests

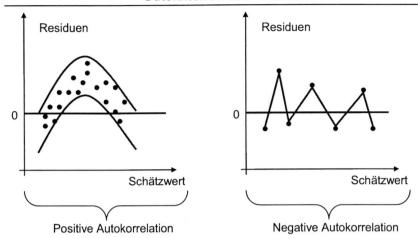

Abbildung 15: Abbildung typischer Kurvenverläufe bei Vorliegen von Autokorrelation (Quelle: Backhaus et al. 2006; S. 87)

Bei Vorliegen von positiver Autokorrelation liegen die Werte aufeinander folgender Residuen nahe zusammen. Negative Autokorrelation ist hingegen durch starke Schwankungen gekennzeichnet (Backhaus et al. 2006, S. 88). Abbildung 16 zeigt die, gegen die vorhergesagten Kaufwahrscheinlichkeiten abgetragenen standardisierten Residuen für analysierte Datenbasis:

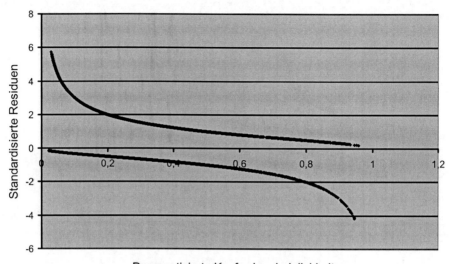

Abbildung 16: Diagramm der prognostizierten Kaufwahrscheinlichkeiten und standardisierten Residuen

Im Fall der vorliegenden Arbeit liegt, wie anhand des Schaubildes erkennbar ist, keine Autokorrelation vor. Mit Ausnahme eines kleinen Wertebereichs zu Beginn und zum Ende des Kurvenverlaufs zeigt sich eine sehr homogene Verteilung der Residuen, die etwas um die Nulllinie schwankt. Es ergeben sich weder deutliche Systematiken noch starke Schwankungen in den Residuen. Mit einer Verzerrung der Ergebnisse durch Autokorrelation ist nicht zu rechnen.

Im Gegensatz zu Experimentaldaten zeichnen sich Paneldaten generell durch eine hohe externe Validität aus. Die reale Erhebungssituation erschwert die Kontrolle der Einflüsse auf die abhängige Variable, wodurch die interne Validität sinkt. Es können somit Abhängigkeiten zwischen den erklärenden Variablen auftreten. Dies wird im Allgemeinen als *Multikollinearität* bezeichnet und kann zu verzerrten Schätzfunktionen und statistisch nicht signifikanten Einflussgrößen führen. Bevor die Auswirkungen der Multikollinearität beurteilt werden können, muss diese zunächst festgestellt werden. Dazu kann die Korrelationsmatrix erste Anhaltspunkte liefern. Hohe Korrelationskoeffizienten zwischen den erklärenden Variablen deuten auf erhebliche Multikollinearitäten hin.

Gütekriterien und Modelltests

Dabei werden nur paarweise Abhängigkeiten gemessen. Backhaus et al. (2006) empfehlen daher zur Aufdeckung von Multikollinearitäten eine Regression jeder unabhängigen Variablen auf alle anderen zu berechnen. Ein R^2 nahe Eins bedeutet, dass die Variable hinreichend durch die anderen Variablen abgebildet werden kann und somit unnötig ist. Ein weiterer Grund für Multikollinearität kann sein, dass die erklärende Variable konstant ist oder nur geringfügig streut. Die Regressionskoeffizienten können dann nur ungenau geschätzt werden (Backhaus et al. 2006, S. 91). Eine Elimination von Variablen kann zwar zu besseren statistischen Ergebnissen führen, jedoch sinkt dadurch der qualitative Aussagegehalt des Modells (Decker 1994, S. 83). Wenn die, für die Forschungsarbeit zentralen Variablen betroffen sind, findet sich der Forscher in einem Zwiespalt. Wird die Variable entfernt, so stellt der Forscher den Zweck seiner Untersuchung in Frage. Wird die Variable beibehalten, dann liefert das Modell ggf. unzuverlässige Schätzwerte. Auswege können sein, dass die Datenbasis vergrößert wird, was sich aber meist nicht realisieren lässt. Darüber hinaus kann die Transformation der Variablen Verbesserungen bringen. Am Ende entscheidet der Forscher über die Einschätzung und Behandlung der Multikollinearität (Backhaus et al. 2006, S. 92). Tabelle 10 fasst die Ergebnisse der multiplen linearen Regressionsanalysen, wie von Backhaus et al (2006, S. 91) empfohlen, für die erklärenden Variablen zusammen. Es werden nur die Ergebnisse der Regressionsanalysen dargestellt. Die Beurteilung der einzelnen Koeffizienten ist für den Test auf Multikollinearität nicht entscheidend und wird daher nicht vorgenommen.

Gütekriterien und Modelltests

Tabelle 10: Test auf Multikollinearität durch mehrere multiple lineare Regressionsanalysen der erklärenden Variablen

Abhängige Variable	Erklärende Variablen	Standardfehler des Schätzers	F-Wert	Signifikanz der Regressionsanalyse	R_{korr}^2
Preiseffekt	Lokaler Effekt, gesellschaftlicher Effekt und Treueindex	0,14	1242,56	***[1]	0,05
Lokaler Effekt	Preiseffekt, gesellschaftlicher Effekt und Treueindex	0,02	6135,14	***[2]	0,21
gesellschaftlicher Effekt	Preiseffekt, lokaler Effekt und Treueindex	0,01	7069,61	***[1]	0,23
Treueindex	Preiseffekt, lokaler Effekt und gesellschaftlicher Effekt	0,13	1867,29	***[3]	0,07

*** höchst signifikant p<0,001; ** hoch signifikant p<0,01; * signifikant p<0,05; n.s. nicht signifikant

[1] Alle erklärenden Variablen sind höchst signifikant.

[2] Alle erklärenden Variablen, außer dem Treueindex, sind höchst signifikant. Der Treueindex ist bei dieser Regression statistisch nicht signifikant.

[3] Alle erklärenden Variablen, außer dem lokalen Effekt, sind höchst signifikant. Der lokale Effekt ist bei dieser Regression statistisch nicht signifikant.
Freiheitsgrade df=3
Fallzahl N=70305
Alle Zahlenwerte wurden auf zwei Dezimalen gerundet.

Betrachtet man Tabelle 10 und die Werte für das korrigierte Bestimmtheitsmaß R_{korr}^2 so fällt auf, dass dieses maximal einen Wert von $R_{korr}^2=0,23$ annimmt. Lediglich 23 Prozent der Varianz des gesellschaftlichen Effekts können daher durch die anderen Einflussgrößen erklärt werden. Die Anteile für die anderen Einflussgrößen sind noch geringer,

Gütekriterien und Modelltests

weshalb bei den erklärenden Variablen der vorliegenden Untersuchung keine Multikollinearität festgestellt werden kann. Interessant ist hingegen, dass sowohl der gesellschaftliche Effekt ($R_{korr}^2=0,23$; F-Wert=7069,61; df=3; p<0,001) als auch der lokale Effekt ($R_{korr}^2=0,21$; F-Wert=6135,14; df=3; p<0,001) im Vergleich zu den anderen Variablen relativ hohe Werte für R_{korr}^2 aufweisen. Obwohl keine Multikollinearität festgestellt werden kann, ist es doch möglich, dass diese beiden Variablen miteinander verbunden sind. Inhaltlich misst der gesellschaftliche Effekt die Diffusion der Innovation innerhalb der Gesellschaft, während der lokale Effekt die Diffusion in der Nachbarschaft der Haushalte abbildet. Beide Einflüsse weisen somit Ähnlichkeiten bezüglich des qualitativen Aussagegehalts auf. Um diesen Sachverhalt zu klären wird zusätzlich eine Korrelationsanalyse durchgeführt. Der Korrelationskoeffizient nach Pearson beträgt zwischen dem gesellschaftlichen und dem lokalen Effekt einen Wert von r=0,46[10]. Diese Korrelation ist statistisch hoch signifikant (p<0,01). Nach Bühl und Zöfel (2005, S. 321ff.) sind Korrelationen in einem Bereich von 0,2<r<0,5 als gering einzustufen. Zwischen dem gesellschaftlichen und dem lokalen Effekt besteht daher eine geringe positive Korrelation. Die Korrelation ist jedoch so gering, dass nicht davon ausgegangen werden kann, dass ein Effekt den anderen ersetzt. Weder Multikollinearitäten, noch unzulässige Korrelationen können für die erklärenden Variablen festgestellt werden.

Eine weitere mögliche Fehlerquelle stellt das Vorliegen von *Heteroskedastizität* dar. Dies ist der Fall, wenn die Streuung der Residuen in einer Wertereihe der prognostizierten abhängigen Variablen nicht konstant ist. Die Störgröße hängt dann von den unabhängigen Variablen oder der Reihenfolge der Beobachtungen ab (Backhaus et al. 2006, S. 85). Heteroskedastizität führt ebenfalls zu ineffizienten Schätzungen, verfälscht dadurch den Regressionskoeffizienten und verursacht Ungenauigkeiten bei der Schätzung des Konfidenzintervalls. Heteroskedastizität kann ermittelt werden, indem man die Residuen in einem Koordinatensystem gegen die prognostizierten Werte abbildet (Backhaus et al. 2006; S. 86). Dabei ergeben sich folgende typische Muster:

---

[10] Das Ergebnis wurde auf zwei Dezimalen gerundet.

Gütekriterien und Modelltests

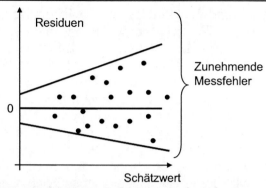

Abbildung 17: Heteroskedastizität I: zunehmende Messfehler (Quelle: Backhaus et al. 2006, S. 87)

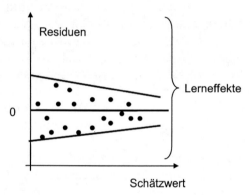

Abbildung 18: Heteroskedastizität II: Lerneffekte (Quelle: Backhaus et al. 2006, S. 87)

Liegt Heteroskedastizität vor, so kann diese durch eine nicht-lineare Transformation der abhängigen Variablen oder der gesamten Regressionsbeziehung ausgeglichen werden (Backhaus et al. 2006, S. 88). Zur Beurteilung der Heteroskedastizität in der vorliegenden Arbeit ruft man sich zunächst erneut Abbildung 16 ins Gedächtnis. Zu Beginn und am Ende zeigt sich für die Kurve der standardisierten Residuen ein exponentieller Verlauf. Dies betrifft jeweils nur einen kleinen Kurventeil. Zu Beginn ist dies der obere und am Ende der untere Kurvenverlauf. Ansonsten verlaufen die standardisierten Residuen sehr gleichmäßig. Die vorliegende Verteilung folgt keiner der oben genannten typischen Ver-

läufe bei Heteroskedastizität, sodass diese ausgeschlossen werden kann.
Im Modelltest konnten im Wesentlichen keine Abweichungen von den Modellprämissen der binären logistischen Regressionsanalyse festgestellt werden. Das vorliegende Modell hat sich in Bezug auf diese Gütekriterien als robust erwiesen, sodass eine direkte Interpretierbarkeit möglich ist.

10.1 Die Modellanpassung

In Kapitel 9.1 wurde bereits die optimale Modellvariante ermittelt. Die Modellgüte und der statistische Aussagegehalt des Kaufentscheidungsmodells wurden in Kapitel 9.3 dargestellt und diskutiert. In diesem Kapitel erfolgt nun die Untersuchung der *Modellanpassung*. Diese gibt Auskunft darüber, wie gut das reale Kaufverhalten durch das Modell widergespiegelt wird und ermöglicht die Visualisierung von Abweichungen. Die Anpassung des entwickelten Kaufentscheidungsmodells erfolgt in Kapitel 10.2. In Kapitel 10.3 wird zunächst die Ableitung eines Markov-Ketten Ansatzes beschrieben und anschließend dessen Modellanpassung dargestellt. Dieser stochastische Prozess zur Abbildung des Kaufverhaltens dient als Referenzmodell für den bisher diskutierten Ansatz. In Kapitel 10.4 wird die Modellanpassung der beiden Ansätze verglichen und anhand weiterer Qualitätskriterien beurteilt. Aus diesem Methodenvergleich lassen sich erste Rückschlüsse über die Validität des entwickelten Kaufverhaltensmodells ziehen.

10.2 Modellanpassung des Kaufentscheidungsmodells

An dieser Stelle werden die prognostizierten Kaufdaten mit den beobachteten Werten verglichen. Die Kaufwahrscheinlichkeiten werden dafür über alle Haushalte zu jedem Zeitpunkt aufsummiert. Es wird weiterhin angenommen, dass die Summe der einzelnen Kaufwahrscheinlichkeiten gleich der Zahl der realisierten Käufe ist. Diese Argumentation folgt im Grunde dem Gesetz der großen Zahlen, dass für sehr große Fallzahlen eine Annäherung der realisierten an die erwarteten Wahrscheinlichkeiten postuliert. Führt man sich nochmals den Entschei-

Gütekriterien und Modelltests

dungsalgorithmus vor Augen, den die Statistiksoftware SPSS® anwendet, so kann sich dadurch eine bessere Anpassung an die realen Marktdynamiken zeigen. Im Gegensatz zu der hier gewählten Vorgehensweise klassifiziert SPSS® Kaufwahrscheinlichkeiten von kleiner als 0,5 als Nicht-Kauf, darüber liegende Wahrscheinlichkeiten werden als Kauf gewertet (Pospeschill 2007, S. 208). Betrachtet man individuelle Werte, wie dies beispielsweise in einer Klassifizierungstabelle (siehe Kapitel 9) der Fall ist, so ist dieses Vorgehen erforderlich. Interessiert man sich hingegen für die aggregierten Kaufdaten, so kann die beschriebene Vorgehensweise eine bessere Modellanpassung liefern. Im Hinblick auf die stochastische Modellierung mittels Markov-Ketten bietet dieses Vorgehen eine gute Möglichkeit für den visuellen Modellvergleich. Die Qualität der Modellanpassung kann anhand der aggregierten Anteile sehr leicht veranschaulicht werden. Es resultiert ein Liniendiagramm, in dem Abweichungen zwischen prognostizierten und beobachteten Werten einfach lokalisiert werden können (Guadagni und Little 1983, S. 211). Abbildung 19 stellt die Anpassungsgüte des logistischen Regressionsmodells dar:

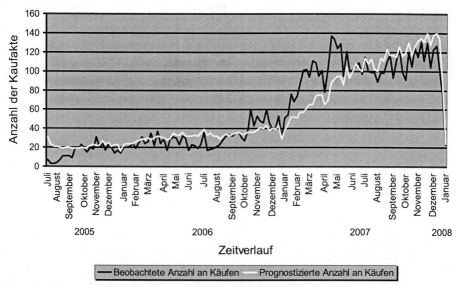

Abbildung 19: Anpassung der prognostizierten an die beobachteten Kaufdaten für das logistische Regressionsmodell

Gütekriterien und Modelltests

Das Modell weist generell eine gute Anpassung an die beobachteten Kaufdaten auf. Die Dynamiken des Marktes werden durch das Modell gut abgebildet. Direkt bei der Markteinführung der neuen Produktgruppe im Juli 2005 zeigt sich zunächst ein hoher Anteil an Käufern dieser Produktgruppe. Dieses hohe Niveau kann nicht beibehalten werden. Der Absatz bricht Ende Juli zunächst ein und geht dann in einen kontinuierlichen Wachstumskurs über. Dies ist der einzige Trend, den das Modell nicht nachbilden kann. Das Modell überschätzt den Käuferanteil bei der Markteinführung deutlich und geht dann von einer kontinuierlich sinkenden Kaufhäufigkeit aus. Mitte September 2005 nähern sich die prognostizierte und die beobachtete Absatzkurve an. Im weiteren Verlauf kann das Modell die Dynamiken des Markts gut abbilden. Von Anfang Juni bis Mitte Juli 2006 und von Ende Juli bis Ende August 2006 zeigen sich zwei Phasen, in denen der reale Absatz durch das Modell deutlich überschätzt wird. Von Ende Oktober bis Anfang Dezember 2006 und von Anfang Februar bis Ende März 2007 sowie im Mai 2007 zeigen sich in den beobachteten Daten Absatzspitzen, die in der absoluten Höhe durch das Modell nur unzureichend berücksichtigt werden. Im Januar 2008 bricht der Absatz der neu eingeführten Produktgruppe deutlich ein. Im Januar 2006 und 2007 sinkt die Kaufrate ebenfalls. Jedoch ist dieser Absatzrückgang in Relation zu den beobachteten Absatzschwankungen zu schwach, um von einer saisonalen Beeinflussung des Absatzes sprechen zu können.

Zusammenfassend ist festzustellen, dass der beobachtete Verlauf des Absatzes durch das Modell abgebildet werden kann. Die grundlegenden Trends und Dynamiken des Marktes werden gut nachempfunden.

Neben der Betrachtung der aggregierten Absatzkurve besteht die Möglichkeit die prognostizierten und beobachteten Marktanteile der verschiedenen Produktgruppen zu vergleichen. Zur Berechnung des erwarteten Marktanteils wird die erwartete Anzahl an Käufen der Produktgruppe durch die Gesamtzahl der Käufe aller Produktgruppen geteilt. Der Marktanteil kann wiederum leicht mit den dokumentierten Werten verglichen werden (Guadagni & Little 1983, S. 221). Neben der Anpassung des Marktanteils kann auch der Standardfehler zwischen den prognostizierten und den beobachteten Marktanteilen als Beurteilungsmaßstab für die Güte des Modells herangezogen werden. In Anlehnung an Guadagni und Little (1983) errechnet sich der Standardfehler des prognostizierten Marktanteils folgendermaßen (siehe Formel 21):

Formel 21: Berechnung des Standardfehlers des prognostizierten Marktanteils

$$SF(s) = \frac{\left[\sum_{t=1}^{T} p_t(1-p_t)\right]^{\frac{1}{2}}}{T}$$

SF(s) = Standardfehler des prognostizierten Marktanteils
p_t = prognostizierte Kaufwahrscheinlichkeit
t = Kaufzeitpunkt
T = kumulierte Zahl aller Kaufzeitpunkte

In derselben Weise wird für die beobachteten Werte verfahren, so können diese in einem gemeinsamen Diagramm abgebildet werden. Darüber hinaus kann ein Vertrauensbereich integriert werden, der angibt, wann die Anpassungsgüte eine bestimmte Toleranz überschreitet. Eine Abweichung von 10 Prozent wird von Guadagni und Little als geeigneter Wert zur Beurteilung der Anpassungsgüte gewählt. Ein 90 Prozent Konfidenzbereich wird abgebildet, indem man jeweils für ±1,64 mal den Standardfehler der prognostizierten Kaufakte eine Linie im Diagramm einzeichnet. Decken sich die beobachteten Werte nicht mit diesem Konfidenzbereich, so wird die Toleranzgrenze überschritten (Guadagni & Little 1983, 223f.). Abbildung 20 veranschaulicht die Anpassung des Modells an den beobachteten Marktanteil unter Berücksichtigung des Standardfehlers:

Gütekriterien und Modelltests

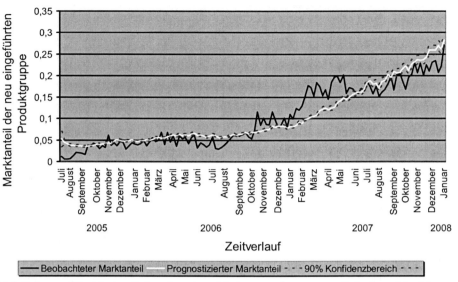

Abbildung 20: Verlauf des beobachteten und prognostizierten Marktanteils mit 90 Prozent Konfidenzbereich für das logistische Regressionsmodell

Die vergleichende Betrachtung des beobachteten und prognostizierten Marktanteils zeigt einen ähnlichen Verlauf wie die Absatzkurve (siehe Abbildung 19). Von Anfang Juni bis Mitte Juli 2006 und von Ende Juli bis Ende August 2006 zeigen sich zwei Phasen, in denen der reale Marktanteil durch das Modell überschätzt wird. Von Ende Oktober bis Anfang Dezember 2006 und von Anfang Februar bis Ende März 2007 sowie im Mai 2007 unterschätzt das Modell hingegen die realen Marktanteile. Mit Ausnahme dieser Bereiche befindet sich der reale Marktanteil größtenteils nahe des 90 Prozent Konfidenzbereichs. Im Zeitraum von Oktober 2005 bis Juni 2006 und von Ende August bis Anfang Oktober 2006 zeigt sich eine sehr gute Modellanpassung. Eine Abweichung der Marktanteilskurve von der Absatzkurve (siehe Abbildung 19) ist hingegen im Januar 2008 zu erkennen. Der Absatz der neu eingeführten Produktgruppe bricht hier deutlich ein (siehe Abbildung 19). Betrachtet man hingegen den Marktanteil, so zeigt sich ein starker Anstieg auf über 25 Prozent. Der Absatz der neu eingeführten Produktgruppe ist zu diesem Zeitpunkt folglich schwächer eingebrochen als der, des gesamten Marktes. Die neu eingeführte Produktgruppe kann ihren Marktanteil auf Kosten der anderen Produktgruppen ausbauen. Ruft man sich erneut den Verlauf des Produktgruppenpreises vor Augen, stellt man in diesem Zeitraum eine deutliche Preissenkung bei der neu eingeführten Produktgruppe fest (siehe Abbildung 12). Dies kann ein möglicher Grund für den hohen Absatzgewinn dieser Produktgruppe sein. Neben dem gesunkenen Preis ist vor allem in der hohen Loyalität der bisherigen Käufer ein weiterer Grund für den Anstieg des Marktanteils zu sehen. Während für den Preiseffekt nur ein geringer Einfluss auf das Kaufverhalten festgestellt wird, so ist die Konsumentenloyalität in der vorliegenden Studie ein einflussreicher Faktor (siehe Tabelle 4). Der Absatz der neu eingeführten Produktgruppe bricht im Verhältnis zum Gesamtmarkt schwächer ein, weil ein hoher Anteil der bisherigen Käufer der Produktgruppe treu bleibt. Es ist folglich davon auszugehen, dass die Käufer gegenüber den anderen Produktgruppen eine wesentlich geringere Loyalität aufweisen. Sowohl beim Preis als auch beim Absatz zeigten sich im Januar 2007 und 2008 Rückgänge. Darin könnte ein Indiz für mögliche saisonale Schwankungen gesehen werden (siehe Abbildung 12 & Abbildung 19). Die Marktanteilskurve zeigt hingegen keinen derartigen Verlauf, sodass saisonale Einflüsse bei der neu eingeführten Produktgruppe weitestgehend ausgeschlossen werden können.

10.3 Modellierung und Modellanpassung des Markov-Ketten Ansatzes

In diesem Kapitel werden stochastische Prozesse zunächst kurz definiert. Anschließend wird im Rahmen der empirischen Auswertung das Kaufverhalten über eine Markov-Kette abgeleitet.
Generell wird unter einem stochastischen Prozess eine Gruppe von Zufallsvariablen eines gemeinsamen Wahrscheinlichkeitsraumes verstanden (Decker 1994, S. 107). Zwischen den Zufallsvariablen können unterschiedliche wahrscheinlichkeitstheoretische Beziehungen bestehen. Haben Kaufentscheidungen in der Vergangenheit keinen Einfluss auf die aktuelle Entscheidung, so spricht man von einem gedächtnislosen Prozess. In einem solchen Modell können keine Lerneffekte abgebildet werden (Decker 1994, S. 108). Eine Markov-Kette lässt sich hingegen als eine Folge von Zufallsvariablen bezeichnen, die in einer bestimmten Abhängigkeitsstruktur zueinander stehen (Meintrup und Schäffler 2005,

Gütekriterien und Modelltests

S. 229). Übertragen auf Produktwahlhandlungen stellen Markov-Ketten eine rechnerische Verbindung zwischen den Wahlentscheidungen mehrerer aufeinander folgender Perioden dar (Herrmann 1992, S. 104). Die untenstehende Abbildung gibt einen Überblick über die Grunddynamiken und Übergangswahrscheinlichkeiten des gewählten Ansatzes:

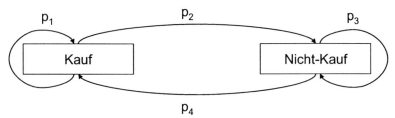

p_1 Kaufakt in der Vorperiode und in der aktuellen Periode
p_2 Kaufakt in der Vorperiode und kein Kaufakt in der aktuellen Periode
p_3 Kein Kaufakt in der Vorperiode und in der aktuellen Periode
p_4 Kein Kaufakt in der Vorperiode und Kaufakt in der aktuellen Periode

Abbildung 21: Kaufprozessmodellierung und Übergangswahrscheinlichkeiten der Markov-Kette

Den Kern einer Markov-Kette bildet eine *stochastische Übergangsmatrix*. Diese gibt die Wahrscheinlichkeiten für den Wechsel zwischen den Zuständen an. Die Übergangswahrscheinlichkeiten werden meist ermittelt, indem die Kaufwahrscheinlichkeiten aus den realisierten Käufen abgeleitet werden. Tabelle 11 zeigt diese Übergangsmatrix für die vorliegende Datenbasis:

Tabelle 11: Die stochastische Übergangsmatrix als Grundlage für eine Markov-Kette zur Abbildung des Kaufverhaltens

	Kaufakt in der aktuellen Periode	Kein Kaufakt in der aktuellen Periode
Kaufakt in der Vorperiode	$p_1 = \dfrac{2086}{4787} \cdot 100 \approx 43{,}58\%$	$p_2 = \dfrac{2701}{4787} \cdot 100 \approx 56{,}42\%$
Kein Kaufakt in der Vorperiode	$p_4 = \dfrac{5284}{65518} \cdot 100 \approx 8{,}06\%$	$p_3 = \dfrac{60234}{65518} \cdot 100 \approx 91{,}94\%$

Fallzahl N=70305
Alle Zahlenwerte wurden auf zwei Dezimalen gerundet.

Gütekriterien und Modelltests

Diese Matrix gibt die Übergangswahrscheinlichkeiten zwischen den Zuständen der Markov-Kette wider und ist daher als stochastische Matrix zu bezeichnen. Stochastische Matrizen werden durch zwei Merkmale charakterisiert. Zum einen muss jede Eintrittswahrscheinlichkeit kleiner oder gleich Null sein und zum anderen muss die Summe aller Übergangswahrscheinlichkeiten Eins ergeben (Meintrup & Schäffler 2005, S. 228). Diese Bedingungen sind im vorliegenden Fall gegeben (siehe Tabelle 11). Auf Grundlage einer Übergangsmatrix ist es mit Markov-Ketten recht einfach die Übergangswahrscheinlichkeiten für die folgenden Perioden anzugeben. Dafür muss die Übergangsmatrix lediglich mit der Anzahl der Perioden potenziert werden. Werden die Eintrittswahrscheinlichkeiten für die kommende Periode prognostiziert, so muss die Übergangsmatrix zum Beispiel quadriert werden. Grundvoraussetzung für die Multiplikation und Potenzierung von Matrizen ist das Vorliegen einer quadratischen Matrix (Meintrup & Schäffler 2005, S. 232ff.).

Eine Anwendung dieses Markov-Ketten Ansatzes ist das *stochastische Brand-Loyal-Modell* (Vgl. Herrmann 1992, S. 104ff.; Vgl. Decker 1994, S. 123ff.; Vgl. Lilien et al. 1992, S. 44ff.). Diesem Modell liegt die Annahme zugrunde, dass ein Käufer einer bestimmten Produktgruppe treu ist. In Kapitel 9.1 wurde die hohe Erklärungskraft der Konsumentenloyalität anhand des logistischen Regressionsmodells für die neu eingeführte Produktgruppe nachgewiesen. Das Brand-Loyal-Modell ist daher für die Analyse der vorliegenden Produktgruppe eine geeignete Variante des Markov-Ketten Ansatzes. Wie bereits zuvor, wird die Veränderung der Übergangswahrscheinlichkeiten auch bei diesem Modell durch die Potenzierung der Übergangsmatrix errechnet. Im Gegensatz zum klassischen Markov-Ketten Ansatz geht das Brand-Loyal-Modell davon aus, dass sich die Übergangswahrscheinlichkeiten des Nicht-Kaufs ebenfalls aus den Wahrscheinlichkeiten des Kaufs errechnen lassen. Die Übergangswahrscheinlichkeiten des Kaufs werden nur durch die Potenzierung der Übergangsmatrix errechnet. Die anderen Wahrscheinlichkeiten werden anhand dieser Kaufwahrscheinlichkeit abgeleitet. Zwischen den Eintrittswahrscheinlichkeiten p_4 und p_1 besteht der in Formel 22 dargestellte Zusammenhang (Herrmann 1992, S. 108ff.):

Gütekriterien und Modelltests

Formel 22: Zusammenhang zwischen den Eintrittswahrscheinlichkeiten p_4 und p_1 beim Brand-Loyal-Modell

$$p_4 = k \cdot p_1$$

$k =$ Konstante
$p_1 =$ Kaufakt in der Vorperiode und in der aktuellen Periode
$p_4 =$ Kein Kaufakt in der Vorperiode und Kaufakt in der aktuellen Periode

Tabelle 12 stellt die veränderte Übergangsmatrix dar:

Tabelle 12: Übergangsmatrix des Brand-Loyal-Modells

	Kaufakt in der aktuellen Periode	Kein Kaufakt in der aktuellen Periode
Kaufakt in der Vorperiode	p_1	$1-p_1$
Kein Kaufakt in der Vorperiode	kp_1	$1-kp_1$

Der Parameter k ist eine Konstante und ändert sich daher im Zeitverlauf nicht. Dieser Parameter stellt eine Art *Recency-Faktor* dar, der angibt, wie sehr das Kaufverhalten der Vorperiode die aktuelle Kaufentscheidung beeinflusst (Lilien et al. 1992, S. 47ff.). Gegenüber dem klassischen Markov-Ketten Ansatz hat dieses Vorgehen den Vorteil Konsumentenloyalität zu berücksichtigen und den Besonderheiten der untersuchten Produktgruppe stärker Rechnung zu tragen. Für die vorliegende Arbeit errechnet sich die Konstante k wie folgt:

Formel 23: Berechnung der Konstante k^{11} des Brand-Loyal-Modells

$$k = \frac{p_4}{p_1} = \frac{\frac{5284}{65518}}{\frac{2086}{4787}} \approx 0{,}19$$

---

[11] Das Ergebnis wurde auf zwei Dezimalen gerundet.

Gütekriterien und Modelltests

Bei dem beschriebenen Vorgehen handelt es sich nicht mehr um ein Individualmodell. Zwar werden bei der Modellanpassung nur die aggregierten Absätze und Marktanteile verglichen, jedoch ist mit exakteren Ergebnissen zu rechnen, wenn zunächst ein Individualmodell entwickelt wird und dessen Ergebnisse anschließend aggregiert werden (siehe Kapitel 7). Im vorliegenden Fall ist nur die Ableitung eines Aggregatsmodells möglich. Individuelle Übergangsmatrizen für jeden Haushalt können nicht gebildet werden, da nicht alle Haushalte zu allen Perioden kaufen. Insbesondere bei einem Kauf der neu eingeführten Produktgruppe in der Vorperiode zeigt sich eine sehr viel geringere Kaufrate. Es gibt Haushalte, die niemals ein Produkt in zwei aufeinander folgenden Perioden kaufen, sodass die Übergangswahrscheinlichkeit für p_1 und p_2 jeweils Null beträgt. Die Übergangsmatrix reduziert sich für diese Haushalte auf die Übergangswahrscheinlichkeiten p_3 und p_4. Es handelt sich dann nicht mehr um eine quadratische Matrix. Diese ist jedoch die Grundvoraussetzung für eine Matrizenmultiplikation (Meintrup & Schäffler 2005, S. 232ff.).

Die errechneten Übergangswahrscheinlichkeiten werden genutzt, um die Bewegungen der Konsumenten zwischen den beiden Zuständen, Kauf und Nicht-Kauf, zu modellieren. Die Anzahl der Käufer hängt von drei Übergangsdynamiken ab. Konsumenten können in zwei aufeinander folgenden Perioden weiterhin Käufer bleiben, vom Käufer zum Nicht-Käufer oder vom Nicht-Käufer zum Käufer wechseln. Abbildung 22 zeigt die Modellanpassung für die oben vorgestellte Modellvariante:

Gütekriterien und Modelltests

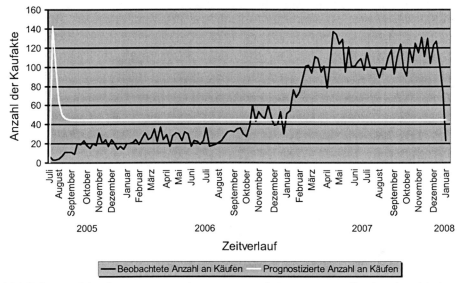

Abbildung 22: Anpassung der prognostizierten an die beobachteten Kaufdaten für das Brand-Loyal-Modell

Zu Beginn ist ein sehr starker, aber kurzfristiger Anstieg in den prognostizierten Käufen zu verzeichnen. Der stochastische Prozess nähert sich dann schnell der stationären Phase an. Diese Konvergenz zu einem Gleichgewichtszustand bei steigender Periodenlänge ist ein weiteres Merkmal von Markov-Ketten (Meintrup & Schäffler 2005, S. 234 & 254ff.). Bei einem Absatz von 45 Kaufakten pro Woche wird dieser Gleichgewichtszustand Ende August 2005 erreicht. Im Zeitraum von Ende August 2005 bis Anfang Februar 2007 kann der Absatz der neu eingeführten Produktgruppe durch das Brand-Loyal-Modell zufriedenstellend abgebildet werden. Von Oktober 2006 bis Anfang Februar 2007 nähern sich die prognostizierten und die beobachteten Kaufdaten gut an. Danach nimmt der Absatz der neu eingeführten Produktgruppe stark zu. Dieser Anstieg kann durch das Modell nicht abgebildet werden. Der weitere Absatz bis Januar 2008 wird unterschätzt. Lediglich im Januar 2008, dort bricht der Absatz der Produktgruppe deutlich ein, nähern sich die beiden Absatzkurven nochmals an.

Generell liefert der Markov-Ketten Ansatz erst dann eine akzeptable Anpassung, wenn die stationäre Phase erreicht wurde. Außerdem hat sich gezeigt, dass starke Absatzschwankungen durch diese Modellkategorie

Gütekriterien und Modelltests

nicht berücksichtigt werden. In den ersten anderthalb Jahren wird der Absatz aber zufriedenstellend abgebildet. Auf Grundlage dieser Ergebnisse ist bei Markov-Ketten und speziell beim Brand-Loyal-Modell mit guten kurz- bis mittelfristigen Prognosen zu rechnen. Wie bereits in Kapitel 10.2 wird auch für das Brand-Loyal-Modell die Anpassungsgüte des Marktanteils betrachtet. Abbildung 23 veranschaulicht die Anpassung des prognostizierten an den realen Marktanteil und die entsprechenden Standardabweichungen:

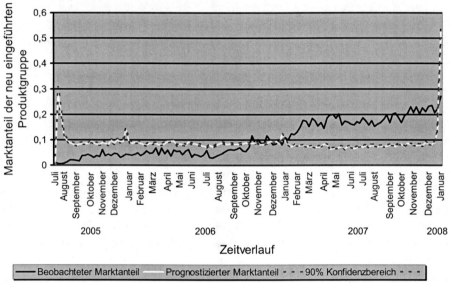

Abbildung 23: Verlauf des beobachteten und prognostizierten Marktanteils mit 90 Prozent Konfidenzbereich für das Brand-Loyal-Modell

Auch der Marktanteil weist akzeptable Anpassungen auf, wenn der stochastische Prozess die stationäre Phase erreicht hat. Zwischen Ende September 2005 und Ende Januar 2007 liefert das Modell eine zufriedenstellende Anpassung an die beobachteten Marktanteile. Im Zeitraum von Oktober 2006 bis Anfang Februar 2007 weist das Modell eine sehr gute Anpassung auf. Der reale Marktanteil liegt in diesem Kurvenabschnitt größtenteils innerhalb des 90 Prozent Konfidenzintervalls der prognostizierten Werte, so kann auch im Hinblick auf dieses Kriterium von einer guten Modellanpassung gesprochen werden (Guadagni & Little 1983, 223f.). Nach diesem Zeitraum wird der reale Marktanteil deutlich unterschätzt. Lediglich der Anstieg des Marktanteils im Januar 2008 kann dem Verlauf nach durch das Modell gut abgebildet werden. Der Höhe nach zeigt sich, dass das Modell den realen Marktanteil zu diesem Zeitpunkt um mehr als das doppelte überschätzt. Die Überschätzung des Marktanteils kommt dadurch zu Stande, dass der Markov-Ketten Ansatz weiterhin ein konstantes Absatzniveau prognostiziert, der reale Absatz jedoch deutlich einbricht. Die neu eingeführte Produktgruppe erleidet dabei einen geringeren Absatzeinbruch als der Rest des Markts, wodurch es dieser Produktgruppe sogar gelingt ihren Marktanteil zu steigern. Generell lässt sich auch für den Marktanteil die Eignung des Ansatzes für kurz- bis mittelfristige Prognosen bestätigen. Solange die stationäre Phase noch nicht erreicht ist oder, wenn die Verteilungen stark schwanken, liefert dieser Ansatz hingegen nur dürftige Anpassungsergebnisse.

10.4 Validierung des Kaufverhaltensmodells

Bei der Beurteilung der Validität eines Modells werden mehrere Arten von Validität unterschieden. Die *Validität der Messung* bezieht sich auf die erhobenen Daten und die Frage, ob ein Instrument in der Lage ist zu messen, was zu messen beabsichtigt wurde. Eine Messung ist zudem reliabel, wenn diese fehlerfrei erfolgt. Auf die Erhebung der Paneldaten sowie deren Vorzüge und Grenzen wurde bereits an mehreren Stellen kurz eingegangen, daher findet diese keine weitere Beachtung (siehe Kapitel 8). Die so genannte *Face Validität* stellt eine Art Plausibilitätskontrolle dar. Anhand theoretischer oder empirischer Erkenntnisse und mithilfe des gesunden Menschenverstands wird geprüft, ob die erzielten Ergebnisse logisch sind (Lilien 1993, S. 10). Im Rahmen dieser Arbeit erfolgt die Beurteilung der Face Validität zum einen anhand der theoretischen Einbettung der Untersuchung und zum anderen durch die Interpretation der Ergebnisse. Die durch das Modell definierten Zusammenhänge zwischen der abhängigen und den unabhängigen Variablen werden anhand der *statistischen Validität* überprüft. Die wichtigsten Kriterien hierfür sind die Anpassungsgüte der Koeffizienten, der Test auf Multikollinearität und die Prüfung der Annahmen bezüglich des Störterms, vor allem die Heteroskedastizität sowie Autokorrelationen (Lilien 1993, S. 11). Diese statistischen Kriterien wurden für das logistische Regressionsmodell bereits im Kapitel 10 diskutiert. Einen weiteren Hinweis für die Validität eines Modells bietet der Vergleich mit anderen Modellen. Anhand von Ansätzen aus der Marketing- und Diffusionsforschung sowie aus der Epidemiologie wurde ein logistisches Regressionsmodell abgeleitet (siehe Kapitel 7). Als Referenzmodell dient ein Markov-Ketten Ansatz. Dieser Ansatz findet auch bei den im theoretischen Teil dieser Arbeit vorgestellten Wissenschaftsdisziplinen Anwendung. Im Folgenden werden diese beiden Ansätze nochmals vergleichend betrachtet und bewertet.

Die Ergebnisse der Modellanpassung sowohl für den Absatzverlauf als auch für die Marktanteilskurve haben gezeigt, dass das logistische Regressionsmodell deutlich bessere Ergebnisse liefert als der Markov-Ketten Ansatz. Erst nachdem die stationäre Verteilung dieses stochastischen Prozesses erreicht ist, zeigen sich kurz- bis mittelfristig gute Anpassungen. Während die logistische Regressionsanalyse über den gesamten Beobachtungszeitraum eine gute Anpassung an die Dynamiken des Markts aufweist, ist dies bei dem Markov-Ketten Ansatz nur in den ersten anderthalb Jahren der Fall (siehe Kapitel 10.1). Die hier vorgestellte Markov-Kette lässt sich der Kategorie der Brand-Loyal-Modelle zuordnen. Diese Modellvariante berücksichtigt die Konsumentenloyalität bei der Modellbildung, bezieht aber nur aggregierte Kaufdaten ein. An die erforderliche Datenbasis stellt diese Art der stochastischen Prozessbildung wesentlich geringere Anforderungen als die logistische Regressionsanalyse. Die Betrachtung durchschnittlicher Kaufhäufigkeiten führt hingegen dazu, dass ein großer Teil der Varianz des Kaufverhaltens unberücksichtigt bleibt. Die Konsumentenloyalität wird lediglich über die Konstante k berücksichtigt. Mit sehr viel besseren Ergebnissen ist zu rechnen, wenn abweichend vom Brand-Loyal-Modell eine Markov-Kette mit einem veränderlichen und an die Daten angepassten Recency-Faktor angewendet wird. Neben der Modellanpassung kann auch der *quadratische Gesamtfehler* Anhaltspunkte für die Validität von Modellen geben. Der quadratische Gesamtfehler trifft, wie der Name bereits erkennen lässt, eine Aussage über den Fehler, den das Modell bei der Abbildung der Marktanteile macht. Dies ermöglicht einen quantitativen Modellvergleich über den gesamten Beobachtungszeitraum. Formel 24 stellt diese Berechnungsvorschrift dar (Heimel 1998, S. 599):

Gütekriterien und Modelltests

Formel 24: Berechnung des quadratischen Gesamtfehlers

$$SSE = \frac{1}{2}\sum_{t=1}^{T}(y_t - \hat{y}_t)^2$$

SSE =	quadratischer Gesamtfehler
t =	Kaufzeitpunkt
T =	Gesamtzahl der Kaufzeitpunkte
y_t =	beobachteter Marktanteil
$\hat{y}_t$ =	prognostizierter Marktanteil

Tabelle 13: Vergleich des quadratischen Gesamtfehlers bei der Abbildung des Marktanteils

Modellvariante	Quadratischer Gesamtfehler
Logistisches Regressionsmodell	15.630,00
Markov-Ketten Ansatz	132.540,14

Alle Zahlenwerte wurden auf zwei Dezimalen gerundet.

Der quadratische Gesamtfehler bestätigt die bisherigen Befunde und besagt, dass das logistische Regressionsmodell eine deutlich bessere Anpassung liefert, als der Markov-Ketten Ansatz. Der Fehler, der durch die Markov-Kette bei der Anpassung an die realen Marktanteile gemacht wird, ist fast 8,5 Mal so groß wie der Fehler bei der logistischen Regressionsanalyse.

Der Markov-Ketten Ansatz ist dann geeignet, wenn das Marktgeschehen keinen starken Schwankungen unterworfen ist und kurz- bis mittelfristige Prognosen angestrebt werden. Ein Vorteil von Markov-Ketten ist hingegen, dass diese geringere Anforderungen an die zu Grunde liegende Datenbasis stellen und auch dann eingesetzt werden können, wenn valide und reliable disaggregierte Daten schwer zugänglich sind.

Die Modellierung des Kaufverhaltens mithilfe der logistischen Regression hat neben dem statistischen Aussagegehalt, der in Kapitel 9.3 geprüft wurde, auch eine gute Modellanpassung gezeigt (siehe Kapitel 10.2).

11 Zusammenfassung der Befunde

Im Rahmen dieser Arbeit wurde ein logistisches Regressionsmodell vorgestellt, welches sowohl klassische Variablen des Marketing-Mix als auch lokale und gesellschaftliche Einflüsse bei der Analyse der Markteinführung einer neuen Produktgruppe berücksichtigt (siehe Kapitel 7). Neben der statistischen Überprüfung der Modellgüte (siehe Kapitel 9.3) liefert insbesondere der Vergleich mit einem Referenzmodell erste Anhaltspunkte für die Validität des entwickelten Ansatzes. Als Referenzmodell zur Beurteilung der Anpassungsgüte wurde das Brand-Loyal-Modell, eine Variante des Markov-Ketten Ansatzes, herangezogen (siehe Kapitel 10.1). Dieses Kapitel fasst die zentralen Befunde der statistischen Analyse und des Modellvergleichs zusammen und interpretiert diese vor dem Hintergrund des vorgestellten theoretischen Rahmens.

Das in Kapitel 7 abgeleitete logistische Regressionsmodell zur Abbildung des Kaufverhaltens und die zu Grunde gelegte Datenbasis haben sich in Bezug auf die Modellprämissen der logistischen Regression als sehr robust erwiesen (siehe Kapitel 10). Es konnten keine Verletzungen dieser Prämissen festgestellt werden. Die statistische Modellgüte ist allgemein zufriedenstellend. Mit einem Nagelkerkes $R^2=0,2324$, dies bedeutet, dass 23,24 Prozent der Varianz des Kaufverhaltens durch das Modell erklärt werden können, liefert das Modell akzeptable Werte (Backhaus et al. 2006, S. 456). Zieht man die Klassifizierungstabelle sowie die Sensitivität und Spezifität, zwei in der Epidemiologie angewendete Gütekriterien, in Betracht, so ist das Modell als gut zu bezeichnen. Das Modell weist nur rund 16 Prozent der Fälle, in denen die neu eingeführte Produktgruppe gewählt wird richtig zu. Bedenkt man allerdings den geringen Anteil an Kaufakten in dieser Produktgruppe, so ergeben sich für das Gesamtmodell sehr gute Ergebnisse mit durchschnittlich fast 90 Prozent richtigen Zuordnungen. Auch die Summe aus Sensitivität und Spezifität liefert mit einem Wert von näherungsweise 1,46 eine hohe Modellgüte (Vgl. Kreienbrock & Schach 2005, S. 159). Eine fehlerfreie Zuordnung ist damit sehr viel wahrscheinlicher als eine falsche Klassifizierung.

In Kapitel 10.2 wurde die Modellanpassung für den logistischen Regressionsansatz dargestellt und diskutiert. Es hat sich eine dem Verlauf und der Höhe nach gute Modellanpassung gezeigt. Das Modell ist geeignet,

Zusammenfassung der Befunde

um sowohl den Absatz als auch den Marktanteil der neu eingeführten Produktgruppe während des gesamten Untersuchungszeitraums gut abzubilden.

Als Referenzmodell dient das Brand-Loyal-Modell, eine Variante des Markov-Ketten Ansatzes. Dieses Modell wurde in Kapitel 10.3 hergeleitet. Die Darstellung und Diskussion der Anpassungsgüte erfolgte im selben Kapitel. Im Vergleich zu der logistischen Regression hat sich sowohl für den Absatz als auch für den Marktanteil, eine schlechtere Anpassung der prognostizierten an die realen Daten gezeigt. Die Betrachtung des quadratischen Gesamtfehlers unterstreicht diese Ergebnisse. Beim Brand-Loyal-Modell ist dieses Fehlerkriterium fast 8,5 mal so hoch wie bei der logistischen Regressionsanalyse (siehe Kapitel 10.4). Im Kern des Brand-Loyal-Modells steht, wie auch beim klassischen Markov-Ketten Ansatzes, eine Matrix, welche die Übergänge der Konsumenten zwischen den Stadien Kauf und Nicht-Kauf angibt. Diese Übergangswahrscheinlichkeiten nähern sich einem konstanten Wahrscheinlichkeitsverhältnis an, wodurch Absatzschwankungen nur unzureichend durch das Modell abgebildet werden (siehe Abbildung 22 & Abbildung 23). Im Gegensatz zu klassischen Markov-Ketten berücksichtigt das Brand-Loyal-Modell einen konstanten Recency-Faktor, der die Abhängigkeit der aktuellen Periode von der Vorperiode bewertet. In den ersten anderthalb Jahren des Untersuchungszeitraums zeigt sich eine zufriedenstellende Modellanpassung sowohl beim Absatz als auch beim Marktanteil. Erst im letzten dreiviertel Jahr nimmt die Anpassungsgüte deutlich ab. Auf Grundlage dieser Ergebnisse ist der Einsatz des Brand-Loyal-Modells sowie von Markov-Ketten allgemein bei kurz- bis mittelfristigen Prognosen und in Märkten mit geringen Absatzschwankungen empfehlenswert. Die Ableitung der Übergangsmatrix kann hingegen anhand der aggregierten Absatzzahlen relativ leicht erfolgen, so stellt dieser Ansatz geringere Anforderungen an die Datenbasis. Bessere Anpassungsergebnisse sind dann zu erwarten, wenn für den Recency-Faktor keine Konstante, sondern ein datenabhängiger Parameter verwendet wird.

Bisher wurde noch nicht speziell auf die einzelnen Einflussgrößen des logistischen Regressionsmodells eingegangen. Aufgrund der aggregierten Sichtweise ist eine differenzierte Analyse einzelner Einflussfaktoren bei dem Markov-Ketten Ansatz nicht möglich. Die folgende Diskussion der Einflüsse der erklärenden Variablen bezieht sich ausschließlich auf die Ergebnisse der logistischen Regressionsanalyse.

Zusammenfassung der Befunde

Wie sich in Kapitel 9.1 gezeigt hat, erklärt der Treueindex, welcher die Loyalität der Konsumenten gegenüber der neu eingeführten Produktgruppe angibt, den größten Teil der Varianz des Kaufverhaltens (Nagelkerkes R^2=18,30 Prozent; df=1; p<0,001). Dieses Ergebnis deckt sich mit den theoretischen Erkenntnissen aus der Kaufverhaltensforschung, die habitualisiertem Konsumentenverhalten eine zentrale Bedeutung zuspricht (siehe Kapitel 3.1). Die Bedeutung von Konsumentenloyalität und habitualisiertem Kaufverhalten wird zudem in zahlreichen empirischen Studien belegt (siehe Kapitel 4). Der gesellschaftliche Effekt, der für die Diffusion der neu eingeführten Produktgruppe innerhalb des gesamten Markts steht, liefert mit einem Nagelkerkes R^2 von 8,70 Prozent (df=1; p<0,001) den zweitgrößten Anteil zur erklärten Varianz. Der Preiseffekt (Nagelkerkes R^2=3,56 Prozent; df=1; p<0,001) und der lokale Effekt (Nagelkerkes R^2=1,92 Prozent; df=1; p<0,001) besitzen hingegen eine geringe Erklärungskraft. Diese Ergebnisse wurden erzielt, indem für jede Einflussgröße ein separates logistisches Regressionsmodell berechnet wurde. Die gesamtgesellschaftliche Diffusion leistet daher einen wesentlich größeren Beitrag zur Erklärung des Kaufverhaltens, als die Innovationsdiffusion in der räumlichen Nachbarschaft der Haushalte. Da beide Variablen Diffusionsprozesse beschreiben, liegt die Vermutung nahe, dass diese Faktoren miteinander korrelieren. Diese Vermutung kann nicht bestätigt werden, da sich weder Multikollinearitäten noch hohe Korrelationen zwischen diesen Faktoren feststellen lassen (siehe Kapitel 10). Die gesellschaftliche und die lokale Diffusion können somit als zwei getrennte Prozesse betrachtet werden. In der vorliegenden Studie kann damit sowohl der positive Einfluss einer zunehmenden Produktverbreitung in der Gesellschaft als auch in den lokalen Netzwerken nachgewiesen werden. Der Einfluss des lokalen Effekts ist jedoch verhältnismäßig schwach. Dies zeigt sich auch bei der Beurteilung der Einflussstärke anhand der Kaufchancen. Eine Erhöhung des gesellschaftlichen Effekts um eine Einheit hat eine Vergrößerung der Kaufchance der neu eingeführten Produktgruppe um den Faktor $1,02*10^{26}$ zur Folge. Eine Erhöhung des lokalen Effekts um eine Einheit führt hingegen nur zu einer Vergrößerung der Kaufchance um den Faktor 9,12. Aus Sicht des Marketingmanagements ist die Steigerung der Produktverbreitung in der Gesellschaft empfehlenswert, um die Kaufwahrscheinlichkeit zu erhöhen. Das Ergebnis deutet darauf hin, dass sich Konsumenten vor allem dann zu einem Kauf entschließen, wenn sich das Produkt bereits am Markt etablieren konnte. Dieses Ergebnis bestätigt die Erkenntnisse der

Zusammenfassung der Befunde

Diffusionsforschung, wie sie im 5. Kapitel dargestellt wurden. Auch der Treueindex weist einen hohen Wert für das Odds-Ratio auf. Erhöht sich dieser Faktor um eine Einheit, so steigt die Kaufchance der neu eingeführten Produktgruppe um den Faktor 100,48. Dies unterstreicht die Bedeutung des habitualisierten Kaufverhaltens und der Konsumentenloyalität bei der Kaufentscheidung (siehe Kapitel 3.1). Erhöht man jedoch den Preiseffekt um eine Einheit, so ist lediglich mit einer Steigerung der Kaufchance um den Faktor 4,06 zu rechnen.

Ein Grund für den relativ schwachen lokalen Effekt können Heterogenitäten in der Struktur der Wohnbevölkerung sein, die sich durch räumliche Variablen nur unzureichend erfassen lassen. Darüber hinaus kann vor allem die geringe Kauffrequenz der neu eingeführten Produktgruppe zu einer unzureichenden Abbildung des lokalen Effekts geführt haben. Betrachtet man diese, im Vergleich zu den bereits etablierten Produktgruppen, so wird deutlich, dass die neue Produktgruppe im Untersuchungszeitraum relativ selten gekauft wird. Dadurch kann der lokale Effekt verzerrt worden sein, da dieser von der Kaufhäufigkeit innerhalb des lokalen Netzwerks abhängt (siehe Kapitel 7.3). Auch die Ableitung der Netzwerkstruktur aus räumlichen Variablen weist Grenzen auf. Für klassische Haushaltspaneldaten stehen bisher keine Anhaltspunkte zur Verfügung, welche die Ableitung von weiterreichenden Netzwerkeigenschaften zulassen. Dies ist jedoch erforderlich, wenn die bezüglich ihres qualitativen Aussagegehaltes besonders attraktiven Netzwerkmodelle quantitativ überprüft werden sollen. Damit ist es (noch) nicht möglich soziale Netzwerke, welche die Bekanntschafts- und Freundschaftsbeziehungen zwischen Konsumenten berücksichtigen, auf Basis empirischer Daten zu modellieren. Betrachtet man den Kaufentscheidungsprozess, so ist bei diesen Personengruppen mit einer hohen Einflussstärke zu rechnen. Ein weiterer Grund für den geringen Einfluss des lokalen Effekts kann in der untersuchten Produktgruppe selbst gesehen werden. Schnelllebige Konsumgüter stellen Produkte dar, die öffentlich nicht sehr stark wahrgenommen werden, da deren Konsum in der Regel nicht zu Schau gestellt wird. Es handelt sich um Low Involvement Produkte, bei denen meist eine Informationssuche und eine intensive Verarbeitung von kaufentscheidungsrelevanten Informationen ausbleiben. Diese Güter nehmen aber nur einen geringen Anteil im Konsumbudget der Haushalte ein. Dies befördert Probekäufe, die zum Beispiel durch Word-of-Mouth-Effekte initiiert wurden. Darüber hinaus ist die Kauffrequenz innerhalb dieser Produktkategorie deutlich höher als bei High Involvement

Zusammenfassung der Befunde

Produkten. Dies stellt eine Grundvoraussetzung für eine verlässliche Modellbildung dar. Der Forscher befindet sich in einem Dilemma. Auf der einen Seite können High Involvement Produkte, wie Automobile oder bestimmte Mobilfunkgeräte, diese Word-of-Mouth-Effekte deutlicher zu Tage fördern, da hier mit wesentlich höheren Beeinflussungsstärken zu rechnen ist. Jedoch stehen für diese Produktgruppe keine mit einem Haushaltspanel vergleichbaren Daten zur Verfügung.
Neben dem lokalen Effekt leistet auch der Preiseffekt nur einen geringen Beitrag zur erklärten Varianz des Modells und weist einen geringen Einfluss auf die Erhöhung der Kaufchance auf. Mit Blick auf die Erkenntnisse vieler Marketing-Mix Modelle, diese postulieren meist einen starken Einfluss des Preises, ist das Ergebnis verwunderlich (siehe Kapitel 4). Viele Forscher weisen aber gerade auf die Schwierigkeiten der adäquaten Abbildung von Preiseffekten hin. Diese kritischen Punkte können Erklärungsansätze für den geringen Einfluss des Preiseffekts im Rahmen der vorliegenden Arbeit liefern und werden im Folgenden kurz angesprochen.
Zunächst stellt die Ableitung von Informationen über Marktreaktionen bei Preisveränderungen hohe Anforderungen an die Datenbasis. Diese Daten werden in der Marktforschung unter hohem Aufwand und beträchtlichen Kosten erhoben (Erichson 2005, S.1). Paneldaten ermöglichen, wie in Kapitel 8 diskutiert, ein repräsentatives Abbild des Marktes bezüglich der handels- und verbraucherseitig orientierten Transaktionsdaten. Dabei zeichnen sich diese Daten insbesondere durch eine hohe Repräsentativität und externe Validität aus (Müller 2007; S. 4). Variieren die Preise im Markt nur geringfügig, so lassen sich mit ökonometrischen Analysemethoden aus den Marktdaten keine Preiswirkungen ableiten (Erichson 2005, S.1). In oligopolistischen Märkten schwanken die Preise meist unzureichend, sodass Informationsverluste zu ineffizienten Preissensitivitätsschätzungen führen (Müller 2006 [1]; S. 9f.). Abbildung 12 zeigt den Preisverlauf der untersuchten Produktgruppen. Generell lassen sich für die meisten Produktgruppen nur geringfügige Variationen in den Durchschnittspreisen erkennen. Die Bildung von Durchschnittspreisen kann ebenfalls dazu geführt haben, dass der größte Teil der Preisvariation eingeebnet wurde, wodurch der Informationsgehalt des Preiseffekts gesunken sein kann (Pedrick & Zufryden 1991, S.119). Weitere Kritikpunkte beziehen sich auf die untersuchte Produktgruppe und die eingeschränkte Rationalität der Konsumenten. Geringe Preissensitivitäten können demnach ein Grund für geringe Preiseffekte sein. Dieses,

Zusammenfassung der Befunde

gemäß der klassischen Mikroökonomie, irrationale Verhalten kann mangelnden Informationen zur objektiven Produktqualität und zu möglichen Alternativen zugeschrieben werden (Vgl. Varian 2007). Konsumenten sind dann darauf angewiesen ihre Erfahrungen sowie ihr Vertrauen in das Produkt als Entscheidungsgrundlage für die Produktwahl anzusehen (Trommsdorff 2002, S. 302ff.).

Zusätzliche Erweiterungsvorschläge betreffen vor allem den Umfang und den Aussagegehalt des Modells. So ist es auch durch das entwickelte Modell nicht möglich das beobachtete Kaufverhalten vollständig zu erklären und zu modellieren. In der Literatur häufig vertretene Erweiterungsvorschläge beziehen sich auf die disaggregierte Analyse der Produkt-, Marken- und Datumsvariablen. Völlig disaggregierte Modelle bilden Marktdynamiken in der Regel besser ab (siehe Kapitel 7). Die Komplexität der Modelle steigt allerdings sehr schnell an, sodass diese bald nicht mehr handhabbar werden. Dies ist auch bei der Berücksichtigung weiterer Einflussgrößen der Fall. In der Marketingliteratur wird zudem der Modellierung von Werbe- und Promotionaktivitäten, Konkurrenzbeziehungen sowie der Berücksichtigung der tatsächlich gekauften Mengen große Bedeutung beigemessen (siehe Kapitel 4). Der Forscher befindet sich stets in einem Balanceakt zwischen der Modellbildung und der Komplexität der Wirklichkeit. Kein Modell kann die Realität so erfassen wie sie ist. Stattdessen muss versucht werden, die einflussreichsten Variablen in einem Modell zu integrieren.

12 Ausblick

Ein Kernanliegen des vorgestellten Modellansatzes war es statistisch zu überprüfen, ob sich lokale Kommunikations- und Interaktionseffekte auf die Kaufentscheidung von Haushalten auswirken. Dies wurde durch die Entwicklung eines lokalen Netzwerkmodells auf Grundlage räumlicher Variablen umgesetzt. In der vorliegenden Studie konnte ein schwacher, aber höchst signifikanter lokaler Verbreitungseffekt nachgewiesen werden (Nagelkerkes R^2=1,92 Prozent; df=1; p<0,001). Gründe für die geringe Erklärungskraft dieses Einflusses wurden bereits in Kapitel 11 diskutiert. Die größte Schwierigkeit besteht darin, dass Kommunikations- und Interaktionseffekte über räumliche Variablen abgebildet wurden. Individuen in sozialen Netzen weisen generell eine hohe Variabilität im Kommunikationsverhalten und in der Nutzung von Medien auf. Diese Faktoren beeinflussen das Kaufverhalten mit hoher Wahrscheinlichkeit maßgeblich. Räumliche Variablen können allenfalls einen Anhaltspunkt für diese Dynamiken geben. Moderne Kommunikationstechnologien, wie das Internet und Mobiltelefone, revolutionieren die Wege menschlicher Kommunikation und Interaktion und entkoppeln diese von der räumlichen Entfernung. Soziale Netze, im Sinne von Freundschafts- und Bekanntschaftsnetzwerken, sind durch räumliche Distanzen nur unzureichend abzubilden. Intuitiv ist davon auszugehen, dass es vor allem Interaktionen mit Freunden, Familienmitgliedern und Bekannten sind, die einen Einfluss auf das Kaufverhalten ausüben. Die genauen Kommunikations- und Beeinflussungsdynamiken sind jedoch schwer erfassbar. Daten von Mobilfunkanbietern können hier interessante Einblicke in den Aufbau sozialer Netze, in die Kontaktintensitäten und deren räumliche Verteilungen geben. Die Verwendung dieser Informationen ist aber aus datenschutzrechtlichen Gründen bedenklich. Selbst bei Verfügbarkeit dieser Daten stellt deren Fusionierung mit Haushaltspaneldaten eine Herausforderung dar und führt zu einem Verlust an statistischer Trennschärfe. Mit der Verfügbarkeit spezifischer Daten bezüglich individueller Kommunikations- und Bekanntheitsbeziehungen kann die Modellbildung sehr viel valider erfolgen. Bei der Datenerhebung sollte in Zukunft verstärkt versucht werden, die Kommunikations- und Interaktionsbeziehungen zwischen Konsumenten zu berücksichtigen, um Anhaltspunkte zu gewinnen, die eine Ableitung von sozialen Netzwerken ermöglichen.

Ausblick

Wenn bekannt ist, welche Haushaltseigenschaften die Entstehung von Word-of-Mouth-Effekten in welchem Maße begünstigen, so sind bereits vertiefende Analysen zu diesen Dynamiken möglich. Im Hinblick auf die interdisziplinäre Netzwerkforschung zeigt sich eine Fülle an aktuellen Studien, Netzwerkmodellen und interessanten Hypothesen. Der qualitative Aussagegehalt dieser Studien ist aus Sicht des Marketings sowie der Sozial- und Verhaltenswissenschaft allgemein sehr interessant. Es besteht hingegen ein Defizit, wenn es darum geht diese Hypothesen statistisch zu überprüfen. Nur wenige Studien versuchen diese Verbindung zu klassischen Datenbasen herzustellen. Ein Grund hierfür ist sicherlich, dass sich die Prüfung dieser Hypothesen sowie die Ableitung der entsprechenden Netzwerktopologien aus derartigen Daten als sehr aufwändig erweist. Darüber hinaus müssen Abstriche im qualitativen Aussagegehalt und in der Komplexität der Netzwerkprämissen in Kauf genommen werden. Dennoch besitzt dieser Forschungsbereich in der Praxis ebenso wie in der Wissenschaft eine hohe Relevanz.

Die im Rahmen dieser Arbeit diskutierten Modelle sowie der empirische Methodenvergleich können als Grundlage für weitere Forschungsvorhaben dienen, indem die gewählten Netzwerkprämissen in anderen Zusammenhängen, zum Beispiel bei Innovationen mit höheren Adaptionsraten, angewendet und überprüft werden. Die entwickelten Modelle können als Inspiration für folgende Modellvarianten herangezogen werden. Zudem kann die Berücksichtigung weiterer Einflussgrößen, wie bereits in Kapitel 11 vorgestellt, zu einer verbesserten Modellanpassung führen. Saisonale Schwankungen im Konsumverhalten und bestimmte Schlüsselereignisse sind häufig für Varianzen außerhalb der klassischen Marketing-Mix Variablen verantwortlich.

Die vorliegende Arbeit konnte den Einfluss klassischer Marketing-Mix Variablen auf den Kaufentscheidungsprozess bestätigen. Ein Faktor, der die gesamtgesellschaftliche Diffusion misst, konnte zudem die Erkenntnisse der Diffusionsforschung stützen und eine Beeinflussung des Kaufentscheidungsprozesses durch diese Variable statistisch belegen. Über die Modellierung eines räumlichen Kontaktnetzwerks, das die Nachbarschaft der Haushalte abbildet, konnte der Einfluss eines räumlichen Diffusionsprozesses auf die Kaufentscheidung nachgewiesen werden. Dies kann als eine Möglichkeit angesehen werden Kommunikationseffekte zwischen Konsumenten bei der Kaufverhaltensmodellierung stärker zu berücksichtigen. Neben der Überprüfung der statistischen Zusammenhänge konnte durch das Modell auch eine gute Anpassung an die reale

Ausblick

Absatz- und Marktanteilskurve erreicht werden. Das im Rahmen dieser Arbeit vorgestellte logistische Regressionsmodell kann damit als Grundstein für weitere und vertiefende Forschungsvorhaben bei der Modellierung von Word-of-Mouth Prozessen dienen. Anknüpfende Forschungsansätze müssen vor allem den Aspekt der Prognose stärker berücksichtigen. Der Methodenvergleich im Rahmen dieser Arbeit gibt zwar erste Hinweise für die Validität des Modells, jedoch kann nur durch eine Prognose festgestellt werden, ob sich das entwickelte Modell auch zur Antizipation zukünftiger Absatz- und Marktanteilsverläufe eignet.

13 Literaturverzeichnis

Ainslie, A. / Drèze, X. / Zufryden, F. (2005): Modeling movie life cycles and market share. In: Marketing Science, Ausgabe 24, Nummer 3, S. 508-517.

Ajzen, I. / Fishbein, M. (1980): Understanding attitudes and predicting social behavior. Englewood Cliffs: Prentice-Hall.

Akçura, M. T. / Gönül, F. F. / Petrova, E. (2004): Consumer learning and brand valuation: An application on over-the-counter drugs. In: Marketing Science, Ausgabe 23, Nummer 1, S. 156-169.

Albert, R. / Barabási, A. - L. (2002): Statistical mechanics of complex networks. In: Reviews of Modern Physics, Ausgabe 74.

Amaral, L. A. N. / Scala, A. / Barthélemy, M. / Stanley, H. E. (2000): Classes of small-world networks. In: Proceedings of the National Academy of Sciences of the U.S.A., Ausgabe 97, Nummer 11, S. 149-152.

Andreasen, A. R. (1984): Life status changes in consumer preferences and satisfaction. In: Journal of Consumer Research, Ausgabe 22, Nummer 1, S. 86-92.

Arthur, W. B. (1989): Competing technologies, increasing returns, and lock-in by historical events. In: The Economic Journal, Ausgabe 99, S. 116-131.

Assmann, J. / Assmann, A. (1994): Medien und soziales Gedächtnis. In: Merten, K. / Schmidt, S. J. / Weichsenberg, S. (Hrsg.): Die Wirklichkeit der Medien. Bonn: VS Verlag für Sozialwissenschaften, S. 114-140.

Assmann, J. (1997): Das kulturelle Gedächtnis. Schrift, Erinnerung und politische Identität in frühen Hochkulturen. München: Verlag C.H. Beck.

Awerbuch, T. (1994): Evolution of mathematical models of epidemics. In: Wilson, M. E. / Levins, R. / Spielman, A. (Hrsg.): Disease in evolution. Global changes and emergence of infectious diseases. Annals of the New York Academy of Sciences, Ausgabe 740, S. 232-241.

Backhaus, K. / Erichson, B. / Plinke, W. / Weiber, R. (2006): Multivariate Analysemethoden, 11. überarbeitete Auflage. Berlin / Heidelberg: Springer, S. 78-105 und 425-489.

Literaturverzeichnis

Bass, F. M. (1969): A new product growth for model consumer durables. In: Management Science, Ausgabe 15, S. 215-227.

Barabási, A. - L. / Albert, R. (1999): Emergence of scaling in random networks. In: Science, Ausgabe 286, S. 509-512.

Bemmaor, A. C. (1993): Modelling the diffusion of new durable goods: Word-of-mouth effect versus consumer heterogeneity. In: Laurent, G. / Lilien, G. L. / Pras, B. (Hrsg.): Research Traditions in Marketing. Norwell: Kluwer Academic Publishers, S. 1-26 und 201-226.

Berekoven, L. / Eckert, W. / Ellenrieder, P. (2001): Marktforschung. Methodische Grundlagen und praktische Anwendung, 9., überarbeitete Auflage. Wiesbaden: Verlag Dr. Th. Gabler, S. 258-267.

Berndt, R. / Altobelli, C. F. (1991): Warum Bildschirmtext in der Bundesrepublik Deutschland scheiterte – Eine diffusionstheoretische Analyse einer verfehlten Marketing-Politik. In: Schmalenbachs Zeitschrift für betriebswirtschaftliche Forschung, Heft 7/8, S. 955-970.

Bleymüller, J. / Gehlert, G. / Gülicher, H. (2000): Statistik für Wirtschaftswissenschaftler, 12. überarbeitete Auflage. München: Vahlen, S. 181-221.

Bonabeau, E. / Toubiana, L. / Flahault, A. (1998): The geographical spread of influenza. In: The Royal Society, Ausgabe 265, S. 2421-2425.

Böhning, D. (1998): Allgemeine Epidemiologie und ihre methodischen Grundlagen. München: R. Oldenbourg Verlag, S. 26-45 und 185-221.

Bourne, F. S. (1957): Group influence in marketing and public relations. In: Likert, R. / Hayes, S. P. (Hrsg.): Some applications of behavioural research. Paris: UNESCO, S. 211-224.

Brüne, G. (1989): Meinungsführerschaft im Konsumgütermarketing. Theoretischer Erklärungsansatz und empirische Überprüfung. Heidelberg: Physica Verlag.

Bühl, A. / Zöfel, P. (2005): SPSS 12. Einführung in die moderne Datenanalyse unter Windows. München: Pearson Studium.

Capon, N. / Davis, R. (1984): Basic cognitive ability measures as predictors of consumer information processing strategies. In: Journal of Consumer Research, Ausgabe 11, Nummer 1, S. 551-563.

Czárán, T. (1998): Spatiotemporal models of population and community dynamics. London: Chapman & Hall, S. 1-10 und 219-231.

Chowell, G. / Hengartner, N. W. / Castillo-Chavez, C. / Fenimore, P. W. / Hyman, J. M. (2004): The basic reproductive number of Ebola and the effects of public health measures: The cases of Congo and Uganda. In: Journal of Theoretical Biology, Ausgabe 229, S. 119-126.

Chowell, G. / Nishiura, H. / Bettencourt, M. A. (2007): Comparative estimation of the reproduction number for pandemic influenza from daily case notification data. In: Journal of the Royal Society Interface, Ausgabe 4, S. 155-166.

Coleman, J. S. / Katz, E. / Menzel, H. (1957): The diffusion of an innovation among physicians. In: A Journal of Research in Social Psychology, Band 20, S. 253-270.

Colizza, V. / Barrat, A. / Barthélemy, M. / Valleron, A. - J. / Vespignani, A. (2007): Modelling the worldwide spread of pandemic influenza: Baseline case and containment interventions. In: PLoS Medicine, Ausgabe 4, Nummer 1, S. 95-110.

Davison, W. P. (1983): The third-person effect in communication. In: Public Opinion Quarterly, 47. Jahrgang, S. 1-15.

Decker, R. (1994): Analyse und Simulation des Kaufverhaltens auf Konsumgütermärkten. Konzeption eines modell- und wissensorientierten Systems zur Auswertung von Paneldaten. In: Gaul, W. / Gemünden, H. G. (Hrsg.): Entscheidungsunterstützung für ökonomische Probleme. Frankfurt a. M.: Peter Lang – Europäischer Verlag der Wissenschaften, S. 1-149.

Delre, S. A. / Jager, W. / Janssen, M. A. (2006): Diffusion in small-world networks with heterogeneous consumers. In: Computational & Mathematical Organization Theory, Ausgabe 13, S. 185-202.

Delre, S. A. / Jager, W. / Bijmolt, T. H. A. / Janssen, M. A. (2007): Targeting and timing promotional activities: An agent-based model for the takeoff of new products. In: Journal of Business Research, Ausgabe 60, S. 826-835.

Literaturverzeichnis

Donnerstag, J. (1996): Der engagierte Mediennutzer. Das Involvement-Konzept in der Massenkommunikationsforschung. In: Schenk, M. (Hrsg.): Medien Skripten. Beiträge zur Medien- und Kommunikationswissenschaft, Band 26. München: Verlag Reinhard Fischer, S. 14 - 180.

Dodds, P. S. / Watts, D. J. (2004): Universal behavior in a generalized model of contagion. In: Physical Review Letters, Ausgabe 92, Nummer 21, 218701-1 bis 218701-4.

Dodds, P. S. / Watts, D. J. (2005): A generalized model of social and biological contagion. In: Journal of Theoretical Biology, Ausgabe 232, S. 587-604.

Doran, R. J. / Laffan, S. W. (2005): Simulating the spatial dynamics of foot and mouth disease outbreaks in feral pigs and livestock in Queensland, Australia, using a susceptible-infected-recovered cellular automata model. In: Preventive Veterinary Medicine, Ausgabe 70, S. 113-152.

Ebling, C. (2008): Dynamische Aspekte im Kaufverhalten: Die Determinanten von Kaufzeitpunkt, Marken- und Mengenwahl. Wiesbaden: Gabler Verlag.

Erichson, B. (2005): Ermittlung von empirischen Preisresponsefunktionen durch Kaufsimulation. Working Paper No. 4, S. 1-53.

Fader, P. S. / Lattin, J. M. (1993): Accounting for heterogeneity and nonstationarity in a cross-sectional model of consumer purchase behaviour. In: Marketing Science, Ausgabe 12, Nummer 3, S. 304-317.

Fader, P. S. / Hardie, B. G. S. / Huang, C. – Y. (2004): A dynamic changepoint model for new product sales forecasting. In: Marketing Science, Ausgabe 23, Nummer 1, S. 50-65.

Festinger, L. (1954): A theory of social comparison processes. In: Human Relations, 7. Jahrgang, S. 117-140.

Festinger, L. (1957): A theory of cognitive dissonance. Palo Alto: Stanford University Press.

Filipe, J. A. N. / Maule, M. M. (2004): Effects of dispersal mechanisms on spatio-temporal development of epidemics. In: Journal of Theoretical Biology, Ausgabe 226, S. 125-141.

Literaturverzeichnis

Fletcher, R. H. / Fletcher, S. W. (2007): Klinische Epidemiologie. Grundlagen und Anwendungen, 2. vollständig überarbeitete Auflage. Bern: Verlag Hans Huber, S. 61-173.

Gilbert, N. / Jager, W. / Deffuant, G. / Adjali, I. (2007): Complexities in markets: Introduction to the special issue. In: Journal of Business Research, Ausgabe 60, S. 813-815.

Goldenberg, J. / Muller, E. (2004): From density to destiny: Using spatial dimension of sales data for early prediction of new product success. In: Marketing Science, Ausgabe 23, Nummer 3, S. 419-428.

Guadagni, P. M. / Little, J. D. C. (1983): A logit model of brand choice calibrated on scanner data. In: Marketing Science, Ausgabe 2, Nummer 3, S. 203-238.

Guadagni, P. M. / Little, J. D. C. (2008): Commentary: A logit model of brand choice calibrated on scanner data: A 25th anniversary perspective. In: Marketing Science, Ausgabe 27, S. 26-28.

Guimerá, R. / Danon, L. / Díaz-Guilera, A. / Giralt, F. / Arenas, A. (2003): Self-similar community structure in a network of human interactions. In: Physical Review E 68, 065103 (R), S. 065103-1 bis 065103-4.

Heimel, J. P. / Hruschka, H. / Natter, M. / Taudes, A. (1998): Konnexionistische Kaufakt- und Markenwahlmodelle. In: Schmalenbachs Zeitschrift für betriebswirtschaftliche Forschung, Heft 6, S. 596-613.

Helson, H. (1964): Adaption Level Theory. New York: Harper & Row.

Herrmann, A. (1992): Produktwahlverhalten: Erläuterung und Weiterentwicklung von Modellen zur Analyse des Produktwahlverhaltens aus marketingtheoretischer Sicht. Koblenz: Schriftenreihe der Wissenschaftlichen Hochschule für Unternehmensführung / Forschung / 8, S. 26-169 und 252-293.

Höfer, B. (2008): Der GfK Volumetric Price – Weiterentwicklung der Testmarktsimulation. In: Jahrbuch der Absatz- und Verbrauchsforschung, Ausgabe 1, S. 4-25.

Huck, I. / Brosius, H. - B. (2007): Der Third-Person-Effekt – Über den vermuteten Einfluss der Massenmedien. In: Publizistik, 52. Jahrgang, Heft 3, S. 355-374.

Literaturverzeichnis

Jager, W. / Amblard, F. (2004): Uniformity, bipolarization and pluriformity captured as generic stylized behaviour with an agent-based simulation model of attitude change. In: Computational & Mathematical Organization Theory, Ausgabe 10, S. 295-303.

Jager, W. (2006): Stimulating the diffusion of photovoltaic systems: A behavioural perspective. In: Energy Policy, Ausgabe 34, S. 1935-1943.

Jager, W. (2007): The four P's in social simulation, a perspective on how marketing could benefit from the use of social simulation. In: Journal of Business Research, Ausgabe 60, S. 868-875.

Janssen, M. A. / Jager, W. (1999): An integrated approach to simulating behavioral processes: A case study of the lock-in of consumption patterns. In: Journal of Artificial Societies and Social Simulation, Ausgabe 2, Nummer 2, S. 1-23.

Janssen, M. A. / Jager, W. (2002): Stimulating diffusion of green products. Co-evolution between firms and consumers. In: Journal of Evolutionary Economics, Ausgabe 12, S. 283-306.

Janssen, M. A. / Jager, W. (2003): Simulating market dynamics: Interactions between consumer psychology and social networks. In: Artificial Life, Ausgabe 9, Nummer 4, S. 343-356.

Jones, J. M. / Zufryden, F. S. (1980): Adding explanatory variables to a consumer purchase behaviour model: An explanatory study. In: Journal of Marketing Research, Ausgabe 17, S. 323-334.

Kahn, B. E. / Louie, T. A. (1990): Effects of retraction of price promotions on brand choice behavior for variety-seeking and last-purchase-loyal consumers. In: Journal of Marketing Research, Ausgabe 26, S. 279-289.

Kaas, K. P. / Hay, C. (1984): Preisschwellen bei Konsumgütern – Eine theoretische und empirische Analyse. In: Schmalenbachs Zeitschrift für betriebswirtschaftliche Forschung, 36. Jahrgang, Heft 5.

Kahnemann, D. / Tversky, A. (1979): Prospect Theory: An analysis of decision under risk. In: Econometrica, Ausgabe 47, S. 263-292.

Katz, E. / Lazarsfeld, P. F. (1955): Personal influence: The part played by people in the flow of mass communications. Glencoe: Free Press.

Literaturverzeichnis

Kaumanns, R. / Siegenheim, V. (2006): Handy-TV – Faktoren einer erfolgreichen Markteinführung. In: Media Perspektiven, Heft 10, S. 498-509.

Kiefer, M. L. (2001): Medienökonomik. Einführung in eine ökonomische Theorie der Medien. München: Oldenburg Wissenschaftsverlag.

Kiszewski, A. E. / Spielman, A. (1994): Virulence of vector-borne pathogens. A stochastic automata model of perpetuation. In: Wilson, M. E. / Levins, R. / Spielman, A.: Disease in evolution. Global changes and emergence of infectious diseases. Annals of the New York Academy of Sciences, Ausgabe 740, S. 249-259.

Klenger, F. / Krautter, J. (1972) [1]: Simulation des Kaufverhaltens. Teil 2 Analyse eines Kaufprozesses. Wiesbaden: Betriebswirtschaftlicher Verlag Dr. Th. Gabler, S. 49-159.

Klenger, F. / Krautter, J. (1972) [2]: Simulation des Kaufverhaltens. Teil 3 Computermodell des Kaufverhaltens. Wiesbaden: Betriebswirtschaftlicher Verlag Dr. Th. Gabler, S. 38-85.

Klophaus, R. (1996): Marktausbreitung von Bildschirmtext: Zu den Ursachen einer Fehlprognose. In: Schmalenbachs Zeitschrift für betriebswirtschaftliche Forschung, Heft 6, S. 579-588.

Kossinets, G. / Watts, D. J. (2006): Empirical analysis of an evolving network. In: Science, Ausgabe 311, S. 88-90.

Kreienbrock, L. / Schach, S. (2005): Epidemiologische Methoden, 4. Auflage. München: ELSEVIER – Spektrum Wissenschaftlicher Verlag, S. 1-53 und 107-176.

Kroeber-Riel, W. / Weinberg, P. (2003): Konsumentenverhalten, 8., aktualisierte und ergänzte Auflage. München: Verlag Franz Vahlen, S. 365-415.

Krider, R. E. / Weinberg, C. B. (1998): Competitive dynamics and introduction of new products: The motion picture timing game. In: Journal of Marketing Research, Ausgabe 35, S. 1-15.

Kundt, G. / Krentz, H. (2007): Epidemiologie und medizinische Biometrie, 2. überarbeitete und aktualisierte Auflage. Aachen: Shaker Verlag, S. 1-31 und 226-229.

Literaturverzeichnis

Kuß, A. / Tomczak T. (2000): Käuferverhalten, 2., völlig neu bearbeitete Auflage. Stuttgart: Lucius & Lucius, S. 35-107 und 129-153.

Landsburg, S. E. (2005): Price theory and applications, 6. Auflage. Mason: Thomson – South-Western, S. 85-111.

Labbi, A. / Berrospi, C. (2007): Optimizing marketing planning and budgeting using Markov decision processes: An airline case study. In: Journal of Research and Development, Ausgabe 51, Nummer 3/4, S. 421-431.

Lavington, M. R. (1972): Ein Mikrosimulationsmodell der Nachfragereaktionen beim Konsumgütermarketing. In: Kroeber-Riel, W. (Hrsg.): Marketingtheorie. Verhaltensorientierte Erklärungen von Marktreaktionen. Köln: Verlag Kiepenheuer & Witsch, S. 332-358.

Lazarsfeld, P. F. / Berelson, B. / Gaudet, H. (1968): The people's choice: How the voter makes up his mind in a presidential campaign. New York: Columbia University Press.

Liebowitz, S. J. / Margolis, S. E. (1995): Are network externalities a new source of market failure? In: Research in Law and Economics, Ausgabe 17, 1-22.

Lilien, G. L. / Kotler, P. / Moorthy, K. S. (1992): Marketing models. Englewood Cliffs: Prentice-Hall, S. 24-126, 191-213, 334-358, 458-500, 523-538 und 677-704.

Lilien, G. L. (1993): Marketing models: Past, present and future. In: Laurent, G. / Lilien, G. L. / Pras, B. (Hrsg.): Research Traditions in Marketing. Norwell: Kluwer Academic Publishers, S. 1-26 und 201-226.

Little, J. D. C. (1975): BRANDAID: A Marketing-Mix Model. Part 1: Structure. In: Operations Research, Ausgabe 23, Nummer 4, S. 628-655.

Little, J. D. C. (1979): Aggregate advertising models: The state of the art. In: Operations Research, Ausgabe 27, Nummer 4, S. 629-667.

Little, J. D. C. (1994): Modelling market response in large customer panels. In: Blattberg, R. C. / Glazer, R. / Little, J. D. C (Hrsg.): The marketing information revolution. Boston: Harvard Business School Press, S. 150-172.

McCarthy, J. E. (1960): Basic marketing: A managerial approach. Homewood: Richard D. Irwin Inc.

Literaturverzeichnis

Meintrup, D. / Schäffler, S. (2005): Stochastik. Theorie und Anwendungen. Berlin / Heidelberg: Springer Verlag, S. 227-265.

Milgram, S. (1967): The small world problem. In: Psychology Today, Ausgabe 2, S. 60-67.

Müller, H. (2006) [1]: Messung der Preiswahrnehmung mittels Pricesensitivity-Meter (PSM) – Eine experimentelle Längsschnittsanalyse des deutschen Zigarettenmarktes. Working Paper No. 21, S. 1-33.

Müller, H. (2006) [2]: Der Preis als Qualitätsindikator – Experimentelle Untersuchungen auf Basis des Konzepts der Buy-Response-Kurve. Working Paper No. 8, S. 1-26.

Müller, H. (2007): Empirische Befunde der experimentellen Preisforschung: Wirkung der Transaktionskonsequenz und materieller Anreize auf das Entscheidungsverhalten in Kaufsimulationen. Working Paper No. 22, S. 1-6.

Myrick, D. / Sánchez, E. (1999): The Blair witch project. USA: Haxan Films, 86 min.

Nelson, R. R. / Peterhansl, A. / Sampat, B. (2004): Why and how innovations get adopted: A tale of four models. In: Industrial and Corporate Change, Ausgabe 13, Nummer 5, S. 679-699.

Newman, M. E. J. / Watts, D. J. (1999): Scaling and percolation in the small-world network model. In: Physical Review E, Ausgabe 60, Nummer 6, S. 7332-7342.

Newman, M. E. J. / Moore, C. / Watts, D. J. (2000): Mean-field solution of the small-world network model. In: Physical Review Letters, Ausgabe 84, Nummer 14, S. 3201-3204.

Noelle-Neumann, E. (1980): Die Schweigespirale. Öffentliche Meinung - unsere soziale Haut. München: Langen-Müller.

Pedrick, J. H. / Zufryden, F. S. (1991): Evaluating the impact of advertising media plans: A model of consumer purchase dynamics using single-source data. In: Marketing Science, Ausgabe 10, Nummer 2, S. 111-129.

Pepels, W. (2005): Käuferverhalten. Basiswissen für Kaufentscheidungen von Konsumenten und Organisationen – mit Aufgaben und Lösungen. Berlin: Erich Schmidt Verlag, S. 134-163.

Pospeschill, M. (2007): SPSS für Fortgeschrittene. Durchführung fortgeschrittener statistischer Analysen, 7. vollständig überarbeitete Auflage, Saarbrücken: RRZN-Handbücher.

Quiring, O. / Jandura O. (2008): Interaktives Fernsehen als Problem in der Diffusionsforschung. Wie sich Schlüsselereignisse und die Kommunikation über neue Medien auf die Verbreitung neuer TV-Angebote auswirken. In: Publizistik, 53. Jahrgang, Nummer 3, S. 386-413.

Rogers, E. M. (1983): Diffusion of innovations, 3. Ausgabe. New York: Free Press.

Sabavala, D. J. / Morrison, D. G. (1977): A model of TV show loyalty. In: Journal of Advertising Research, Ausgabe 17, Nummer 6, S. 35-43.

Sabavala, D. J. / Morrison, D. G. (1981): A nonstationary model of binary choice applied to media exposure. In: Management Science, Ausgabe 27, Nummer 6, S. 637- 656.

Sanchez, J. / Stryhn, H. / Flensburg, M. / Ersbøll, A. K. / Dohoo, I. (2005): Temporal and spatial analysis of the 1999 outbreak of acute clinical infectious bursal disease in broiler flocks in Denmark. In: Preventive Veterinary Medicine, Ausgabe 71, S. 209-223.

Schrape, K. / Trappel, J. (2001): Das Geschäft mit der Prognose. In: Publizistik, 46. Jahrgang, Heft 1, S. 37-56.

Sherif, M. / Hovland, C. I. (1961): Social judgement: Assimilation and contrast effects in communication and attitude change. New Haven: Yale University Press.

Smith, D. L. / Waller, L. A. / Russell, C. A. / Childs, J. E. / Real, L. A. (2005): Assessing the role of long-distance translocation and spatial heterogeneity in the raccoon rabies epidemic in Connecticut. In: Preventive Veterinary Medicine, Ausgabe 71, S. 225-240.

Solomon S. / Weisbuch G. / de Arcangelis L. / Jan N. / Stauffer D. (2000): Social percolation models. In: Physica A, Ausgabe 277, S. 239-247.

Solomon, M. / Bamossy, G. / Askegaard, S. / Hogg, M. K. (2006): Consumer behavior. A European perspective. Harlow: Pearson Education, S. 351-551.

Swan, J. / Combs, J. L. (1976): Product performance and consumer satisfaction: A new concept. In: Journal of Marketing, Ausgabe 40, S. 25-33.

Thomas, W. I. / Thomas, D. S. (1928): The child in America. Behavior problems and programs. New York: Alfred A. Knopf.

Trommsdorff, V. (2002): Konsumentenverhalten, 4., überarbeitete und erweiterte Auflage. Stuttgart: Verlag W. Kohlhammer, S. 226-317.

Tull, D. S. / Hawkins, D. I. (1993): Marketing research. Measurement and Method: A text with cases, 6. Ausgabe. Upper Saddle River: Prentice-Hall, S. 703-729.

Uchida, M. / Shirayama, S. (2007): Influence of network structure on market share in complex market structures. In: Web Intelligence and Intelligent Agent Technology Workshops IEEE/WIC/ACM International Conferences on Volume, Ausgabe 5-12 Nov., S. 449-453.

Ulm, K. (1997): Epidemiologie – Grundbegriffe und Maßzahlen. In: Seelos, H. - J. (Hrsg.): Medizinische Informatik, Biometrie und Epidemiologie. Berlin / New York: Walter de Gruyter, S. 233-279.

Varian, H. R. (2007): Grundzüge der Mikroökonomik, 7. überarbeitete und verbesserte Auflage. München: Oldenbourg Wissenschaftsverlag.

Vindigni, G. / Janssen, M. A. / Jager, W. (2002): Organic food consumption. A multi-theoretical framework of consumer decision making. In: British Food Journal, Ausgabe 104, Nummer 8, S. 624-642.

Wagner, U. / Taudes, A. (1986): A multivariate polya model of brand choice and purchase incidence. In: Marketing Science, Ausgabe 5, Nummer 3, S. 219-244.

Watts, D. J. / Strogatz, S. H. (1998): Collective dynamics of "small world" networks. In: Nature, Ausgabe 393, S. 440-442.

Watts, D. J. (1999): Networks, dynamics, and the small-world phenomenon. In: The American Journal of Sociology, Ausgabe 105, Nummer 2, S. 493-527.

Watts, D. J. / Dodds, P. S. / Newman, M. E. J. (2002): Identity and search in social networks. In: Science Magazine, Ausgabe 296, Nummer 5571, S. 1302-1305.

Watts, D. J. (2004): The „new" science of networks. In: Annual Review in Sociology, Ausgabe 30, S. 247-270.

Watts, D. J. / Muhamad, R. / Medina, D. C. / Dodds, P. S. (2005): Multiscale, resurgent epidemics in a hierarchical metapopulation model. In: PNAS, Ausgabe 102, Nummer 32, S. 11157-11162.

Watts, D. J. / Hasker, S. (2006): Marketing in an unpredictable world. In: Harvard Business Review. Forethought Network Theory. Harvard Business School Publishing Corporation, S. 1-3.

Watts, D. J. / Dodds, P. S. (2007): Influentials, networks, and public opinion formation. In: Journal of Consumer Research, Ausgabe 34.

Weisbuch G. und Stauffer D. (2000): Hits and flops dynamics. In: Physica A, Ausgabe 287, S. 563-576.

Wildner, R. (1991): Nutzung integrierter Paneldaten für Simulation und Prognose. In: Jahrbuch der Absatz- und Verbrauchsforschung, Ausgabe 2, S. 114-130.

Wildner, R. / Scherübl, B. (2005): Modellgestützte Analyse, Simulation und Prognose mit Verbraucherpaneldaten – Der GfK Brand Simulator. In: Jahrbuch der Absatz- und Verbrauchsforschung, Ausgabe 4, S. 332-354.

14 Internetquellen

Ahn, Y. - Y. / Masuda, N. / Jeong, H. / Noh, J. D. (2008): Epidemic dynamics of interacting two particle species on scale-free networks. Im Internet abrufbar unter:
http://arxiv.org/PS_cache/cond-mat/pdf/0608/0608461v1.pdf.
Zugriff am 22.12.2008.

Blanchard, P. / Ruschhaupt, A. / Krüger, T. (2003): Small world graphs by the iterated „my friends are your friends" principle. Im Internet abrufbar unter:
http://arxiv.org/PS_cache/cond-mat/pdf/0304/0304563v1.pdf.
Zugriff am 8.1.2009.

Blanchard, P. / Krüger, T. / Krüger, A. / Martin, P. (2005): The epidemics of corruption. Im Internet abrufbar unter:
http://arxiv.org/PS_cache/physics/pdf/0505/ 0505031v1.pdf.
Zugriff am 22.12.2008.

Box Office Mojo (2008): The Blair witch project. Im Internet abrufbar unter:
http://boxofficemojo.com/movies/?id=blairwitchproject.htm.
Zugriff am 10.1.2009.

Business Week (1993): Flops: Too many new products fail. Im Internet abrufbar unter:
http://www.businessweek.com/archives/1993/b333243.arc.htm.
Zugriff am 8.1.2009.

Gesellschaft für Konsumforschung AG (2008 [1]): Die Verbraucherpanels der GfK Panel Services. Die wichtigsten kontinuierlichen Panelerhebungen 2007. Im Internet abrufbar unter:
http://www.GfKps.com/scan/instruments/panels/index.de.html.
Zugriff am 12.11.2008.

Gesellschaft für Konsumforschung AG (2008 [2]): Verbraucherpanels. Im Internet abrufbar unter:
http://www.GfKps.com/scan/instruments/panels/index.de.html.
Zugriff am 12.11.2008.

Literaturverzeichnis

GfK Panel Services Deutschland GmbH / GfK Nürnberg e.V. (Hrsg.; 2008 [3]): 50 Jahre GfK Panelforschung. Stationen einer Erfolgsgeschichte. Im Internet abrufbar unter:
http://www.GfK.com/imperia/md/content/ps_de/50j_broschuere.pdf
Zugriff am 12.11.2008.

Hohnisch, M. / Pittnauer, S. / Stauffer, D. (2008): A percolation-based model explaining delayed takeoff in new-product diffusion. In: Industrial and Corporate Change, Ausgabe 17, S. 1001-1017. Im Internet abrufbar unter:
web.bgse.uni-bonn.de/pub/RePEc/bon/bonedp/ bgse9_2006.pdf
Zugriff am 5.1.2009.

Jager, W. / Delre, S. A. / Bijmolt, T. H. A. / Janssen, M. A. (2008): Will it spread or not? The effects of social influences and network topology on innovation diffusion. Im Internet abrufbar unter:
http://www.rug.nl/staff/w.jager/research.
Zugriff am 15.5.2008.

Nekovee, M. (2007): Worm epidemics in wireless adhoc networks. Im Internet abrufbar unter:
http://arxiv.org/PS_cache/arxiv/pdf/0707/0707.2293v1.pdf.
Zugriff am 17.7.2008.

Statistisches Bundesamt (2008): Lebensunterhalt, Konsum. Konsumausgaben privater Haushalte im Inland nach Verwendungszwecken - Deutschland. Im Internet abrufbar unter:
http://www.destatis.de/jetspeed/portal/cms/Sites/destatis/Internet/DE/Content/Statistiken/Zeitreihen/LangeReihen/LebensunterhaltKonsum/Content100/lrleb03ga.psml.
Zugriff am 13.11.2008.

Staufenbiel Media GmbH (2008): Konsumgüter-Vertrieb: "Sofort mit Kunden". Interview mit Professor Dr. Hendrik Schröder, Inhaber des Lehrstuhls für „Betriebswirtschaftslehre, insbesondere Marketing & Handel" an der Universität Duisburg-Essen. Im Internet abrufbar unter:
http://www.staufenbiel.de/handel/articleview-15s_6a_178.aspx.
Zugriff am 12.11.2008.

Literaturverzeichnis

Watts, D. J. (2002): On average, how many degrees apart is any one person in the world from another? In: Scientific American. Im Internet abrufbar unter:
http://www.sciam.com/article.cfm?id=on-average-how-many-degre&print=true.
Zugriff am 15.3.2008.

Zengwang, X. (2007): Small-world characteristics in geographic, epidemic, and virtual spaces: A comparative study. Im Internet abrufbar unter:
http://repository.tamu.edu/bitstream/handle/1969.1/5768/etd-tamu-2007A-GEOG-Xu.pdf?sequence=1.
Zugriff am 15.10.2008.

Markt, Kommunikation, Innovation (MKI)
hrsg. von Michael Schenk (Universität Hohenheim) und Bruno Neibecker
(Universität Karlsruhe)

Uwe Großmann (Hg.)
Innovative mobile Technologien und Anwendungen
Im privaten Konsumbereich, aber auch im beruflichen Alltag haben seit einigen Jahren vermehrt drahtlose Übertragungstechnologien und darauf aufsetzend neuartige mobile Anwendungen Einzug gehalten. Die Nutzung von Smartphone und PDA im Wirtschaftsbereich, die private Nutzung von Navigationsanwendungen oder positionssensitiven Museumsguides, das mobile Bezahlen, aber auch die Bestimmung der eigenen Position durch Roboter stellen typische Anwendungsszenarien dar. Eine Vielzahl offener Fragen stellt sich hier, zu deren Klärung dieser Band ansatzweise beitragen mag.
Bd. 6, 2009, 96 S., 19,90 €, br., ISBN 978-3-643-10348-2

LIT Verlag Berlin – Münster – Wien – Zürich – London
Auslieferung Deutschland / Österreich / Schweiz: siehe Impressumsseite